初めてでも
失敗しない

# 家づくり超攻略法

住宅系 YouTuber
まかろにお

KADOKAWA

# はじめに

## 住宅業界改革宣言!

家は3回建てないと成功しない――。
家づくりを始める際、多くの方がこの言葉を耳にするはずです。確かに、注文住宅はほかと比較しても、非常に難しい商材です。

なぜなら、ほとんどの方が家づくり未経験であるにもかかわらず、

・完成品をあらかじめ見ることができない
・選択肢が無限にある
・やり直し不可で一発勝負

という非常にハードな状況で検討することになるからです。

しかも、注文住宅は買う前に知らなければならないことがとても多いという特徴があります。たとえば、建物のつくり方に対する基礎知識や歴史的背景、さらにはハウスメーカー各社の特徴や独自ルール、金融系の基礎知識……などです。

これらを知らないと、ハウスメーカーから提案される内容が本当によいものなのか? それとも何か足りない部分があって、それを補う必要があるのか? など、このあたりの判断ができません。

なかには「プロに任せておけば大丈夫でしょ!」と思われる方もいるかもしれません。

しかし実際は、住宅業界は数十年の間、ほとんど技術革新がなかった業

界のため、現場のリテラシーも相当低いのが実情です。

## すべての元凶？ 型式《かたしき》適合認定

ハウスメーカー各社は、戦後の家が不足しているときに、質の高い家を大量生産するという名目のもとで立ち上がりました。

ただし、住宅という商材は、基本的に大量生産には向きません。

なぜなら、家をつくるためには、構造計算をはじめとする、さまざまな申請業務が必要だからです。

そのため、通常であれば家を1棟建てるのにたいへんな労力と時間が必要になるのですが、それを簡略化するために、国は「型式適合認定」という制度をつくったのです。

これは、国が認めた建て方であれば、建築確認時の審査が簡略化されるというものです。型式適合認定を活用することで、ハウスメーカー各社は住宅の工業化に成功し、大量生産を可能にしてきました。

しかし、型式適合認定は、そのとき認定された建築構法にしか適用されません。つまり、当初から少しでも仕様が変わると、型式適合認定から外れてしまうため、小回りが利かなくなるというデメリットがあるのです。

型式適合認定の再取得には、膨大な時間とコスト、労力が必要です。そのため、どのハウスメーカーもよほどのことがない限り、型式適合認定の再取得はしません。また、型式適合認定の取得をしていないハウスメーカーもあるのですが、世の中が動いてからでないと、重い腰を動かそうとはしません。

こういった背景があるため、ハウスメーカー各社はここ数十年間、ほとんど技術革新がなかったのです。


私は、新卒で大手ハウスメーカーに入社しました。社会人5年目にメガバンクに転職し、さらにその2年後、新規事業の立ち上げに携わるため、ＣＭでもお馴染みの大手メーカーに転職をしました。

そして、その大手メーカー勤務中に、今までの経験や知見をアウトプットする場所として、ＹｏｕＴｕｂｅで情報発信を開始したのですが、経歴からもわかるように、私は住宅業界から数年離れていました。

それにもかかわらず、ＹｏｕＴｕｂｅでは、私のもっている住宅のノウハウが通用してしまったのです。皮肉な話ですが、この異常事態こそが、住宅業界が遅れている何よりの証拠だと思います。


新型コロナウイルスが流行する少し前まで、ハウスメーカー各社の営業現場では、「商品の説明はせず、家は人で売るものだ」という、気合と根性と勘にまみれた謎の文化が醸成されていました。

もし商品自体をＰＲしたとしても、保証、外壁のメンテナンス性、耐震性の3つを話すくらいで、断熱性能、気密性能、換気性能、空調設計などの重要性はほとんど話すことなく、なんとなくの感覚で商品を販売していたように思います。さらに、中には家を売ることのみに特化して活動していたハウスメーカーもあったので、ただただ金額が高いだけの家を販売しているような状態でもあったわけです。

そのため、ネット上では、ハウスメーカー各社は「無駄に金額が高いファミリーレストランのような企業」と揶揄《やゆ》されることもありました。ネットに書かれていることは、ある意味でハウスメーカー各社の実態を捉えています。最近では、ＳＮＳなどの影響もあり、現場も多少変わってきてはいますが、それでもまだ一部です。

## 一度で成功する家づくりをするために！

このように、さまざまな課題が住宅業界には山積みです。それなのに、何も知らない状態で家づくりを始めてしまったら、やはり一度で成功させるのは極めて困難でしょう。だからこそ、これから家を建てる皆さん自身が、最初に基本的な知識を身につけることが大切なのです。

最近では、担当の営業マンと設計士の力量によって、家の出来が大きく左右されるようにもなってきていますが、その担当者はランダムに決まってしまうのが現状です。この不平等さや業界特有のいびつさを直し、日本が誇る工業化住宅がよりよい方向に進むことを願いながら、私はＹｏｕＴｕｂｅを主軸に活動しています。

本書では、私の家づくりのノウハウを一部、共有しています。皆さんの家づくりに少しでも役立てば幸いです。

まかろにお（横山祐介）

## 家づくり　（本書の構成）
# ロードマップ

本書の全体像が分かるように、各章で扱うテーマをロードマップにしました。この順に家づくりを進めると、マイホームが成功に近づきます！

＼会社選びの参考に！／
巻末
ハウスメーカー10社解説
第2章
構法を知る
第4章
コンセプトを
決める
第8章
カタログ
◯◯
ハウス
資料
▲▲
ホーム
ハウスメーカー
を絞る
第3章
間取りを
考える
＼GOAL!／
設備・仕様を
考える
第9章

# 目次

## 第6章　土地を探す

独自基準で辛口チェック！
## ハウスメーカー有名10社解説

●本書の内容は、原則として2023年12月までの情報をもとに作成しています。
●本書は住宅ローンや各ハウスメーカーの商品に関する情報提供も行っていますが、著者の個人的見解や分析が含まれており、特定のサービスや商品を推奨するもの、またその有益性を保証するものではありません。住宅ローンや保険、家づくりに伴う各種契約等にあたっては、ご自身の責任と判断のもとで行うようにお願いいたします。
●本文中の写真や図で出典が明記されていないものについてはすべて、権利者の許可を得たうえで掲載しています。

本文デザイン・図版制作　Isshiki
本文イラスト　ひらのんさ
DTP　ニッタプリントサービス

Chapter 1

# 資金計画を立てる

STEP 1

# 全体の費用感をざっくりつかもう

POINT
まずは、「全体の費用感」をざっと把握します。ネットの安易な「坪単価」情報には注意！

注文住宅を建てる際、最初に気になるのが建物の金額です。当然、建物の金額がわからなければ、自分たちがどのハウスメーカーで家を購入できるかはわかりません。もしかしたら、予算的に購入することが難しいハウスメーカーを検討してしまい、打ち合わせにかけた時間を無駄にしてしまう可能性もあるわけです。

ハウスメーカーとの打ち合わせは、1回だいたい3時間くらい、長いときは6時間近くも費やすことになります。皆さんの想像以上に、注文住宅の購入には時間と労力が掛かると思ったほうがよいでしょう。

では、どのように注文住宅に掛かる費用を把握するかというと、「**(坪単価×建物の坪数)＋土地代＋諸費用**」という計算で、ざっくり全体の費用感を把握できます。

「坪単価」は、建物の本体工事のみの費用と建物の坪数を割って算出した数値です。たとえば、建物価格が3000万円で建物の面積が30坪だった場合は、3000（万円）／30（坪）で、その建物の坪単価は100万円ということになります。

ネットで検索すると、各ハウスメーカーの坪単価がいくつも表示されますが、サイトのアクセス数稼ぎのために適当な坪単価が掲載されている場合も多いため、情報の取得先は慎重に判断しましょう。

土地代は、ネットなどに掲載されている土地価格をそのまま代入します。「諸費用」は、建物の本体工事と土地代以外のすべての費用をまとめて諸費用としています。この部分は、営業マンによって見積もりの金額が大きく異なるので注意が必要です。

## 全体の費用をざっくり把握する計算式

**（坪単価×建物の坪数）＋土地代＋諸費用**

建物価格が 3,000 万円で建物の面積が 30 坪だった場合、3000( 万円 ) ÷ 30( 坪 ) で、その建物の坪単価は 100 万円となります。

## 具体的な諸費用

（2,000 万円の土地を購入して家を建てた場合）

| 費用の項目 | 金額（目安） |
|---|---|
| 土地の仲介手数料 | 約73万円（仲介手数料＝土地の価格×3％＋6万円＋消費税） |
| 外構費用 | 300 ～ 800万円（※1） |
| 建物の組み立て費用 | 200 ～ 450万円（多くの地域が 200万ほどで収まるが、都内などの狭小地の場合は 450 万円くらいかかる場合もあり） |
| 屋外給排水工事 | 90 ～ 150万円（水道の本管取り出し工事の有無により変動） |
| ガス引き込み費用 | 約30万円（オール電化の場合は必要なし） |
| 住宅ローン保証料 | 100 ～ 200万円（借入金額の2.2％が目安） |
| 地盤改良費用 | 0 ～ 1,000万円（多くの地域で 100 ～ 200万円程度だが、軟弱地盤地域だとそれ以上必要な場合もあり） |
| 火災保険料 | 約50万円 |
| 家具・家電 | 約500万円（※ 1） |
| 設計業務報酬料 | 約150万（※ 2） |
| 長期優良住宅・住宅性能表示制度の申請費 | 約20万円 |
| 登記費用 | 約30万円（※ 2） |

※1 営業マンによって大きく変動するので、要注意！
※2 建物の大きさによって変動

一部の特殊な地域を除き、諸費用は 1,500 万円程度を見ておけば不自由なく家づくりができます。この金額を下回ると、外構や家具・家電、火災保険など、どこかで我慢が発生する可能性が高まります。

STEP 2

# 「いくら借りられるのか」を把握しよう

POINT

**無理なく返済できる住宅ローンの上限金額は、「手取り年収×８倍」が目安です！　借りられる額＝無理なく返せる額とは限りません。**

注文住宅購入のだいたいの金額感がつかめたところで、次に「住宅ローンをいくら借りることができるのか」ということを確認しておきましょう。

この疑問を解消しようと、**いきなり金融機関に行くのはＮＧ**です。金融機関は「どこの土地に」「どのハウスメーカーで」「どんな建物を」建てるのかわからない状態では、ローンの正確な審査ができません。

例外的に審査をしてくれたとしても、計画の実態がわからない状態では、まともな審査回答は出てこないでしょう。そのため、住宅ローンの審査を出すなら、ハウスメーカーを通じて行ったほうがスムーズです。

では、どのように住宅ローンの借入額を検討するかというと、まず、借りられる住宅ローンの上限は、額面の年収の８倍がひとつの目安となります。

源泉徴収票の税引き前の年収金額が７００万円なら、その８倍の５６００万円が銀行から借りられる上限目安です。また、夫婦共働きで額面の世帯年収が合計１０００万円の場合も、同様の考え方で８０００万円が借りられるローン金額の上限目安となります。

ただし、借りられる額＝返せる額とは限りません。**無理なく返せる範囲で借りるとなると、税引き後の手取り年収の８倍が上限のひとつの目安**になります。額面の年収が７００万円なら、手取りが約５３０万円ですから、約４２４０万円が借入上限です。夫婦共働きの場合は、それぞれの手取り年収の合計を８倍した金額が上限です。これらを念頭に借入額を検討しましょう。

## 手取り年収別の借入上限額の目安

| 世帯年収 | 手取り(概算) | 借入金額 | 手取りの5倍 | 手取りの6倍 | 手取りの7倍 | 手取りの8倍 | 手取りの9倍 |
|---|---|---|---|---|---|---|---|
| 500万 | 390万 | 総額 | 1,950万 | 2,340万 | 2,730万 | 3,120万 | 3,510万 |
| | | 月々 | 5万619 | 6万742 | 7万866 | 8万990 | 9万1,114 |
| 600万 | 460万 | 総額 | 2,300万 | 2,760万 | 3,220万 | 3,680万 | 4,140万 |
| | | 月々 | 5万9,704 | 7万1,645 | 8万3,586 | 9万5,527 | 10万7,468 |
| 700万 | 530万 | 総額 | 2,650万 | 3,180万 | 3,710万 | 4,240万 | 4,770万 |
| | | 月々 | 6万8,790 | 8万2,548 | 9万6,306 | 11万64 | 12万3,822 |
| 800万 | 590万 | 総額 | 2,950万 | 3,540万 | 4,130万 | 4,720万 | 5,310万 |
| | | 月々 | 7万6,577 | 9万1,893 | 10万7,208 | 12万2,524 | 13万7,839 |
| 900万 | 650万 | 総額 | 3,250万 | 3,900万 | 4,550万 | 5,200万 | 5,850万 |
| | | 月々 | 8万4,365 | 10万1,238 | 11万6,813 | 13万4,984 | 15万1,857 |
| 1000万 | 720万 | 総額 | 3,600万 | 4,320万 | 5,040万 | 5,760万 | 6,480万 |
| | | 月々 | 9万3,450 | 11万2,140 | 13万831 | 14万9,521 | 16万8,211 |
| 1100万 | 790万 | 総額 | 3,950万 | 4,740万 | 5,530万 | 6,320万 | 7,110万 |
| | | 月々 | 10万2,536 | 12万3,043 | 14万3,550 | 16万4,057 | 18万4,565 |
| 1200万 | 850万 | 総額 | 4,250万 | 5,100万 | 5,950万 | 6,800万 | 7,650万 |
| | | 月々 | 11万323 | 13万2,388 | 15万4,453 | 17万6,518 | 19万8,582 |
| 1300万 | 920万 | 総額 | 4,600万 | 5,520万 | 6,440万 | 7,360万 | 8,280万 |
| | | 月々 | 11万9,409 | 14万3,291 | 16万7,172 | 19万1,054 | 21万4,936 |
| 1400万 | 960万 | 総額 | 4,800万 | 5,760万 | 6,720万 | 7,680 万 | 8,640万 |
| | | 月々 | 12万4,600 | 14万9,521 | 17万4,441 | 19万9,361 | 22万4,281 |
| 1500万 | 1000万 | 総額 | 5,000万 | 6,000万 | 7,000万 | 8,000万 | 9,000万 |
| | | 月々 | 12万9,792 | 15万5,751 | 18万1,709 | 20万7,668 | 23万3,626 |

※月々の返済は住宅ローンの借入期間 35 年、変動金利 0.5%、
元利均等返済、ボーナス返済無しで試算

理想としては世帯手取り年収の 5 ～ 7 倍程度に収めたいところですが、昨今の土地値や物価の高騰などを勘案すると、8 倍までは借りる覚悟が必要かもしれません。しかし、9 倍以上の借入は非常に危険なので、おすすめしません。

STEP 3

# そもそも「住宅ローン」とは?

POINT

**住宅ローンは誰でも組めるわけではありません。審査も厳しく、雇用形態や勤続年数などがポイントになります。**

そもそも「住宅ローンとは何か」という基本的なことを確認しておきましょう。

住宅ローンとは、家や土地を購入する際の借金です。金額が高額なため、長期にわたり分割返済していくのが特徴です。

そして、購入した住宅や土地には抵当権が付きます。もしお金を借りている人がローンを返せなくなった場合、お金を貸している金融機関や保証会社などが、その物件をオークションにかけて売却し、強制的にお金を返済させるためです。

つまり、イメージとしては、**住宅ローンの返済が終わるまで、金融機関に家を「質」として取られているという感じ**です。これが住宅ローンの基本的な仕組みです。

また、住宅ローンは誰でも組めるわけではありません。住宅ローンはその金額が大きいこともあり、金融機関は最大限に警戒をします。借り手が継続的に返済をしていける人物なのかを厳しく審査するわけです。基本的には、安定した収入があるかどうかが重要で、**勤め先での雇用形態や勤続年数などがポイント**になります。

さらに、住宅ローンは原則として本人が住むための物件に適用されるものなので、他人に住まわせる**賃貸用の物件には適用することができません**。あくまで本人が住宅費として返済をしていくことに前提が置かれているためです。

金融機関は、利息収入を得るために住宅ローンとしてお金を貸しているわけですが、利息の金額は元金の何パーセントという感じであらかじめ決められます。このときの割合利率のことを「金利」と呼びます。

## 住宅ローン返済方法の種類

### 元利均等返済

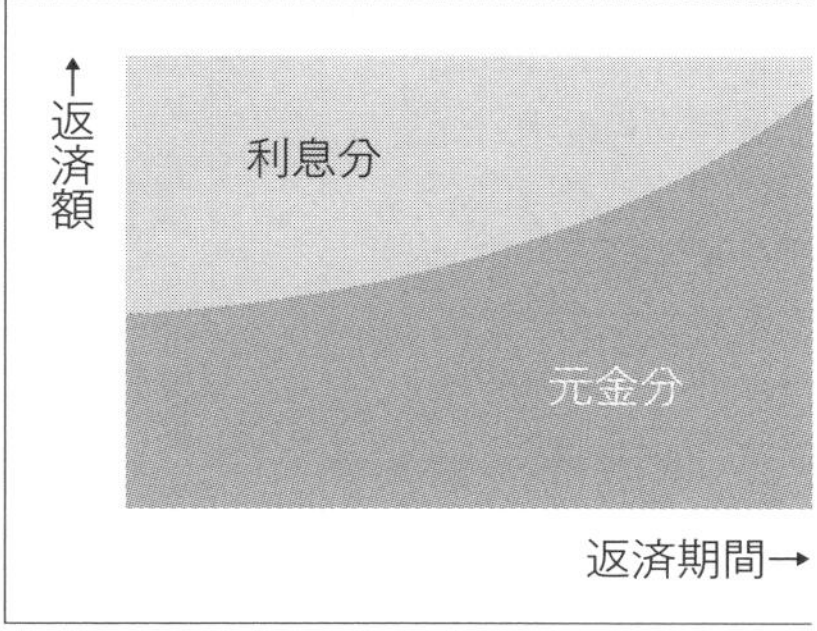


・毎月の返済総額（元金 ＋ 利息）が一定
・元金＋利息の合計がずっと同じ

### 元金均等返済

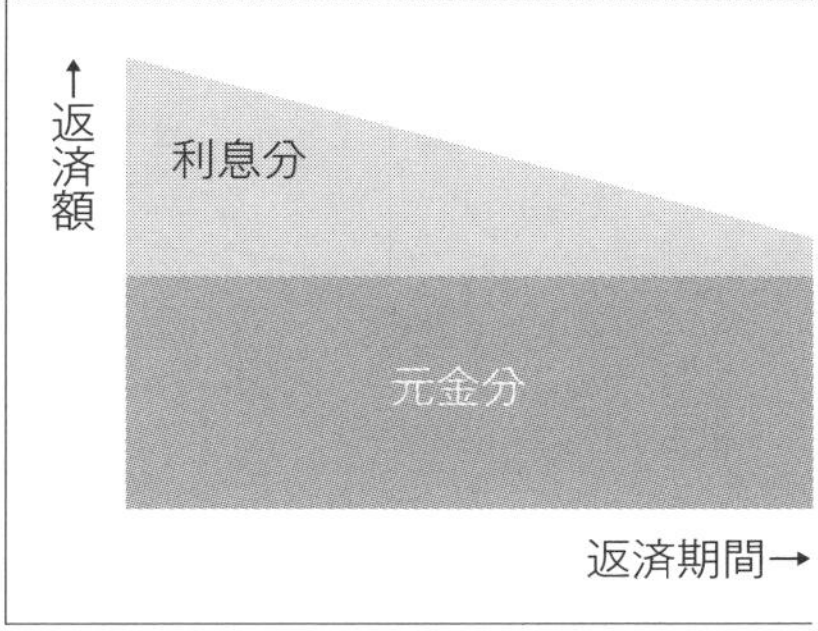


・元金の返済額のみが毎月一定
・元金は固定で利息のみ減り続ける

## 金利のかかり方 （例：3,500 万円を変動金利 0.5%、35 年＝ 420 カ月で返済）

### 元利均等返済の場合

毎月の返済額は 9 万 855 円（※）で一定

【1回目の利息】
3,500万円×0.5%÷12＝1万4,583 円
↓
つまり、毎月の返済額のうち、元金分は利息分1万4,583円を差し引いた7万6,272円。よって、残りの元金は（3,500万円―7万6,272円＝）3,492万3,728円なので……
↓
【2回目の利息】
3,492万3,728円×0.5%÷12＝
1万4,551円

### 元金均等返済の場合

毎月の返済額のうち元金分は
8 万 3,333 円（3,500 万円÷ 420 カ月）で一定

【1回目の利息】
3,500万円×0.5%÷12＝1万4,583 円
↓
3,500万円から1回目に返済した元金分（8万3,333）を差し引いた3,491万6,667円（残りの元金）をもとに計算すると……
↓
【2回目の利息】
3,491万6,667円×0.5%÷12＝
1万4,549 円

※元利均等返済における毎月の返済額を算出する計算は下記のとおり
毎月返済額＝借入額×｛月利（1＋月利）返済回数／（1＋月利）返済回数－1｝

返済方法に違いはあれど、住宅ローンの基本的な考え方は「最初に借りたお金である元金の残高に金利がかけられて利息が決まる」ということに変わりはありません。

STEP 4

# 元利均等返済VS元金均等返済

POINT

**住宅ローンには、元利均等返済と元金均等返済という2つの返済方法がありますが、毎月の返済額が一定となる元利均等返済がおすすめです！**

23ページでも触れたように、住宅ローンには、**元利《がんり》均等返済**と**元金《がんきん》均等返済**という2つの返済方法があります。

元利均等返済は、**毎月支払う返済額が一定となる返済方法**です。たとえば、元利均等返済で借入金額3500万円、金利0・5%、借入期間35年で住宅ローンを借りた場合、35年間で毎月9万855円を支払うことになります。

一方、元金均等返済は、**元金の金額は一定で、利息のみが減り続けていく返済方法**です。たとえば、元金均等返済で借入金額3500万円、金利0・5%、借入期間35年で住宅ローンを借りた場合、元金部分の8万3333円と利息部分の1万4583円の合計9万7916円が一回目の返済になります。

2回目以降も元金部分の8万3333円は固定で、それが35年間続きます。ただし、利息部分は徐々に減っていくので、毎月の返済額もそれに合わせて減っていきます。元金均等返済はこの特性上、繰上げ返済をしているのと同じ効果があります。

どちらの返済方法を選んだ方が得かというと、元利均等返済の方でしょう。なぜなら、次ページ以降で後述しますが、住宅ローンは借り続けることによるメリットが非常に大きいからです。

先に少しお伝えすると、住宅ローンを借り続けることで団体信用生命保険を自分に付与し続けることができます。また、現金は日常生活の生命線なので、現金を手元に残しておけるメリットを考えると、**元利均等返済が有利**といえるでしょう。

## 元利均等返済と元金均等返済の比較

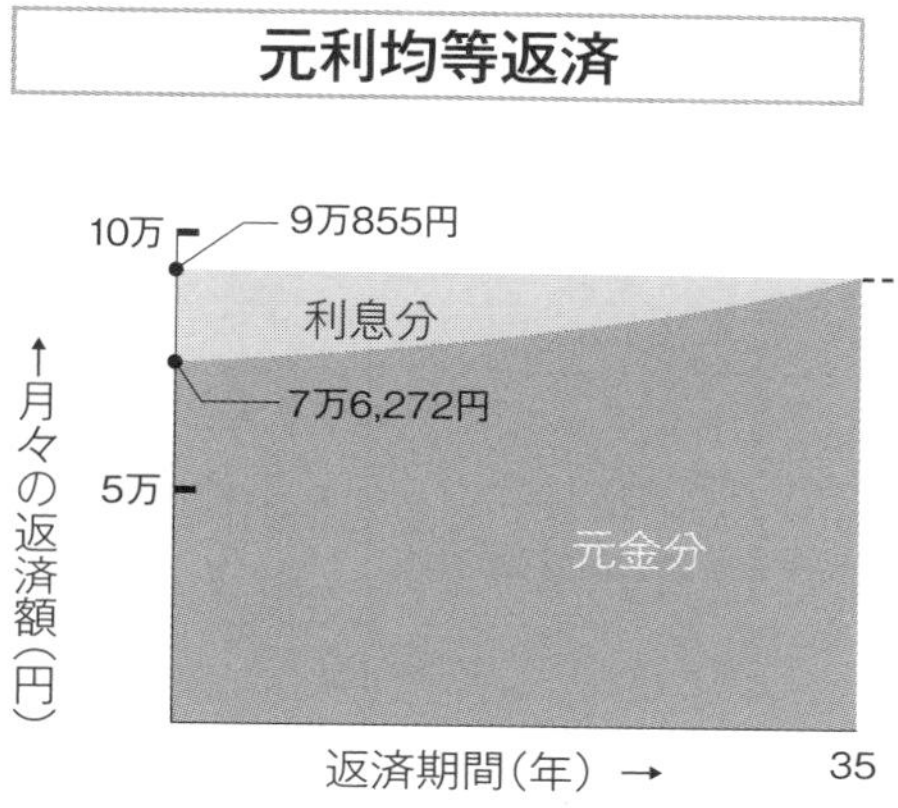


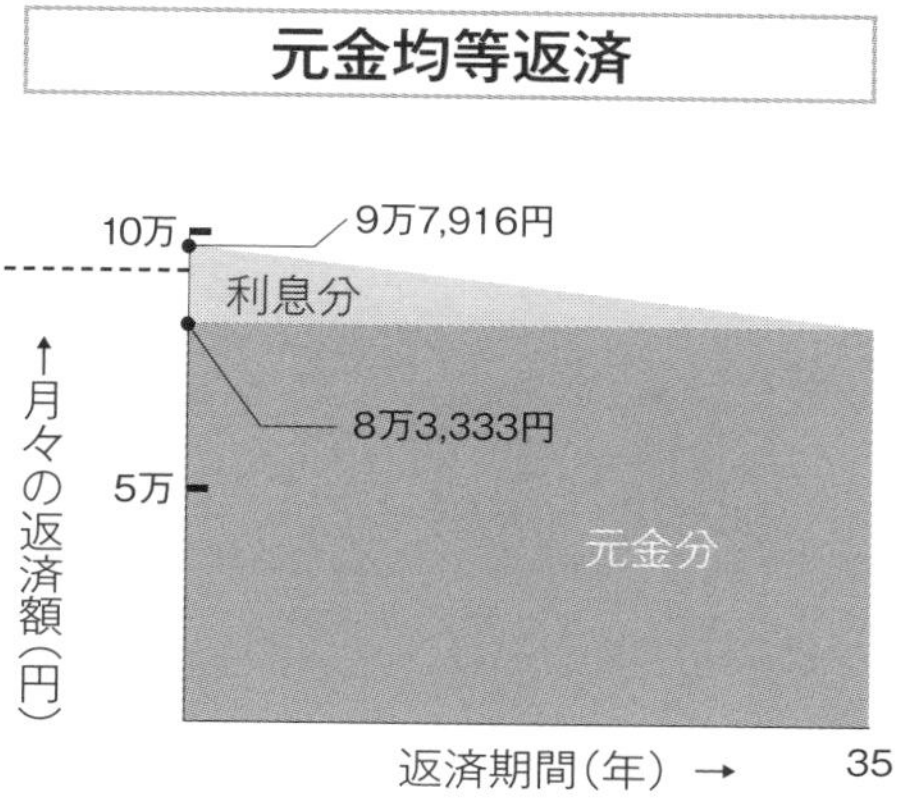


※3,500万円を変動金利0.5%、35年＝420カ月で返済

### それぞれの返済方法による支払総額

| | 元利均等返済 | 元金均等返済 |
|---|---|---|
| 支払総額（内利息） | 3,815万9,050円<br>(315万9,050円) | 3,806万9,792円<br>(306万9,792円) |

利息の差額は８万 9,258円で、そこまで大きな差はありません。

### それぞれの返済方法による残り元金額の推移

| | 元利均等返済 | 元金均等返済 |
|---|---|---|
| 120回目の返済時 | 2,561万6,742円 | 2,500万円 |
| 240回目の返済時 | 1,575万2,497円 | 1,500万円 |
| 360回目の返済時 | 538万2,609円 | 500万円 |

元金均等返済の方が元金の減りが早く、繰上げ返済の特性も持ち合わせていることがわかります。

元利均等返済法のほうが、住宅ローンを借り続けることで、①団体信用生命保険の恩恵を受けられる、②現金を手元に残しておける、といった理由があるため有利といえます。

STEP 5

# 繰り上げ返済はするな！①
# 実はお得な団体信用生命保険

POINT

団信は一般的な死亡保険よりも保険料が安く設定されており、お得です。繰り上げ返済をすると、その期間を縮めることに……。

住宅ローンは借り続けることで、**団体信用生命保険**（以下：団信）を付与し続けることができるため、メリットが大きくなるとお伝えしました。

団信とは、**住宅ローンを組んでいる債務者が死亡した場合、生命保険会社が残っている住宅ローンの残債を全額返済するというもの**です。住宅ローンを組む場合は、基本的に団信に必ず入ることになりますが、団信はタダで入ることはできません。

通常の金利に０・２％（一部例外あり）上乗せして返済を行うか、もしくは０・２％分を一括現金で支払う必要があります。これだけ聞くとデメリットにも捉えられそうですが、実は団信は非常にお得な制度なのです。

たとえば、３０００万円を35年の返済で借りた場合、約２５０００円が団信で支払う毎月の金額になります。

ここで、仮に１５００万円の保険金を得ることを前提として、定期死亡保険に加入した場合を考えてみましょう（住宅ローンを組んだ直後に亡くなる可能性は低いと考えて、残債が半分になったときに保険金が支払われることを想定しています）。

一般的な定期死亡保険で１５００万円を得るには、毎月だいたい３６００円の支払いが必要になります。このことから、**団信のほうが実質的に毎月１０００円ほど得に**なることがわかります。

つまり、繰上げ返済は、自らお得な保証期間を縮めることになります。そのため、実は住宅ローンはできるだけ繰り上げ返済をしない方が良いのです。

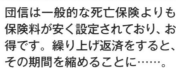

## 団体信用生命保険（団信）の仕組み

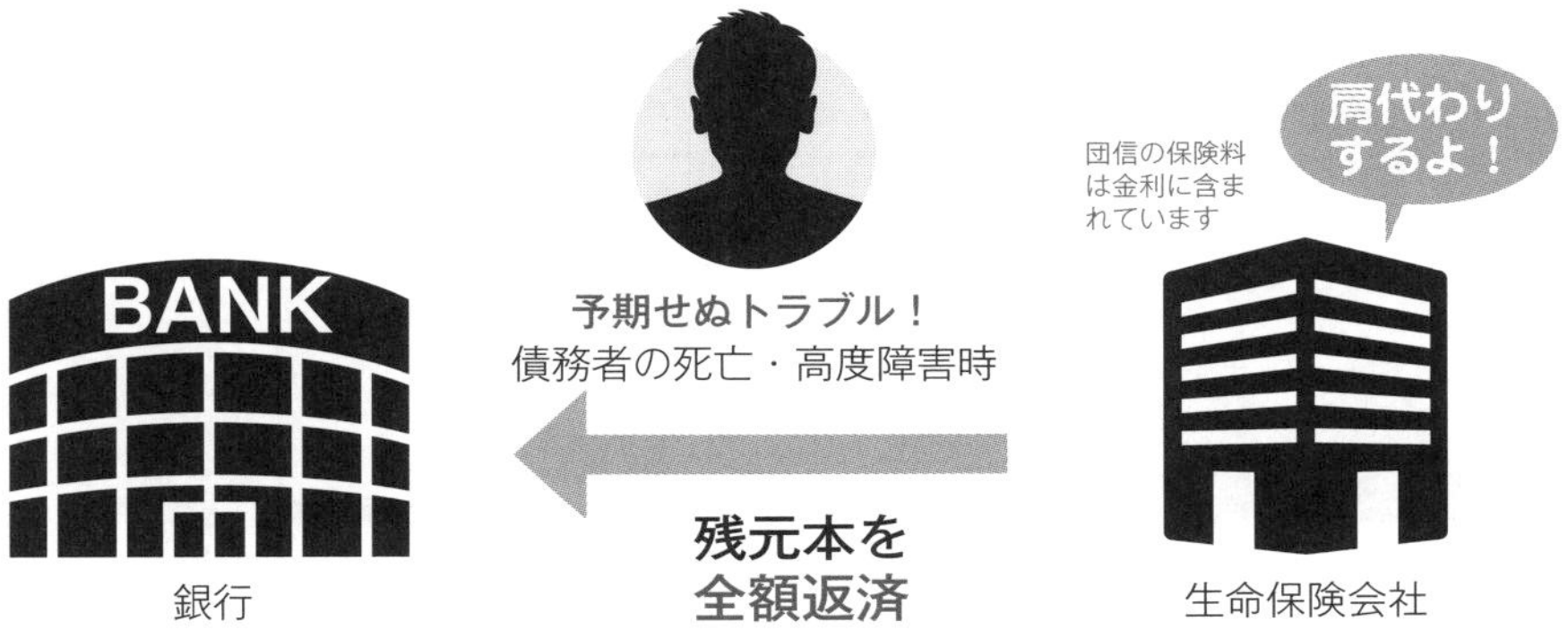


## 団信と一般的な死亡保険の保険料比較

**団信の保険料**

・借入金額3,000万円
・返済期間35年

0.2%分が団信の保険料なので……

毎月の返済額の増加分は

**約2,500円**

**一般的な死亡保険の保険料**

・保険金1,500万円
・加入時年齢33歳
・保険期間30年

毎月の保険料は

**約3,600円**

※ライフネット生命のシミュレーションより算出

もし、残債が半分の1,500万円のときに亡くなったとすると、月々約2,500円の支払いで、1,500万円のローンが免除されることになります。

上記のケースの場合、団信の方が月々の支払額が割安で済むことがわかります。もちろん、住宅ローンの残債は返済とともに減少しますが、同じ保険料の場合、長期にわたって団信のほうが大きな恩恵が得られます。

STEP 6

# 繰り上げ返済はするな！②
# 手元の資金を運用してみよう

POINT

**繰り上げ返済しないメリットの一つが、現金を手元に残しておけることです。手元の資産を投資などに有効活用しましょう。**

住宅ローンを繰上げ返済せず、借り続けることで得られるメリットの一つが、現金を手元に残しておけることです。

現金を手元に残しておくことで、資産運用ができる、老後資金や教育資金にすることができる、家のリフォーム資金にすることができる、といった選択をしやすくなります。とくに**投資などの資産運用ができる**という点は大きな魅力です。

たとえば、住宅ローンを35年の元利均等返済、変動金利０・５％で３０００万円の借入をし、現在は返済済み期間が15年（つまり返済期間があと20年ある状態）と仮定し、５００万円を繰上げ返済した場合と、投資した場合とで比較をしてみます。

まず繰上げ返済をした場合です。繰上げ返済には**返済期間短縮型**と**返済額軽減型**の2種類があり、繰上げ返済をする場合は、このどちらかを選択します。５００万円の繰上げ返済で返済期間短縮型を選択した場合は44万４５０３円の利息を節約することができます。返済額軽減型を選択した場合は、25万４１３０円の利息を節約することができます。よって、基本的には返済期間短縮型のほうが得ですが、学費などの出費がかさむ時期に入る前に、少しでも住宅ローンの負担を減らしたい方などは返済額軽減型を選ぶケースもあります。

次は、手元の５００万円を投資に回した場合です。住宅ローン完済までの20年間を年率２％で運用できた場合、リターンは約２４５万円です。**投資の方が圧倒的に得であり、同じ５００万円でも使い方によって結果が大きく異なる**わけです。

## 繰り上げ返済の種類

| 種類 | 特徴 |
|---|---|
| 返済期間短縮型 | ・毎月の返済額は変わらない<br>・返済期間が短くなる<br>・返済額軽減型より、利息軽減効果が高い |
| 返済額軽減型 | ・毎月の返済額を減らせる<br>・返済期間は変わらない<br>・返済期間短縮型より、利息軽減効果は低い |

## 繰り上げ返済した場合と、手元の資金を投資に回した場合の比較

【条件】住宅ローン借入額：3,000 万円
返済期間：35 年／金利：0.5%／返済方法：元利均等返済

### ＜返済15年目に500万円を繰り上げ返済した場合＞

| | 返済期間短縮型 | 返済額軽減型 |
|---|---|---|
| 毎月返済額 | 7万7,875円 | 5万5,891円 |
| 残り返済期間 | 14年3カ月 | 20年0カ月 |
| 利息軽減額 | **44万4,503円** | **25万4,130円** |

### ＜手元の500万円を投資に運用した場合＞

| 利率（年） | 0.5% | 0.75% | 1% | 2% | 3% |
|---|---|---|---|---|---|
| 運用結果（概算） | 550 万円 | 580 万円 | 610 万円 | 745 万円 | 900 万円 |
| 利益 | **50 万円** | **80 万円** | **110 万円** | **245 万円** | **400 万円** |

約0.50％以上の利率（年）で運用できていれば、投資に回した方がお得なのがわかります。

同じ 500 万円でも、使い方次第で結果が大きく変わります。まとまったお金はなるべく投資に回し、複利の力で資産を増やすのがおすすめです。もちろんリスクはありますが、2024 年から新 NISA も始まったので、この機会にチャレンジしてみるのもよいと思います。

STEP 7

# 繰り上げ返済はするな！③
# 住宅ローン減税を活用しよう

POINT

**住宅ローン減税の基本的なポイントをおさえて、うまく活用することで、そのメリットを最大限活用しましょう！**

繰り上げ返済をせず、**住宅ローン減税**をうまく活用し続けることのメリットも大きいです。住宅ローン減税は、毎年多少の制度変更があるため、細かく把握する必要はありません。基本的なポイントだけおさえ、必要に応じて調べるようにしましょう。

ざっくりと、住宅ローン減税は、**①所得税・住民税の支払い額②年末の住宅ローン残高の０・７％③借入上限額の０・７％**、この**３つの中の一番小さい金額が受けられる減税額**となり、確定申告の際に記載する自身の預貯金口座に振り込まれます。

たとえば、年収５００万円の核家族世帯で住宅ローンの借入が３５００万円の場合、①は所得税が10万１０００円、住民税が21万１０００円です。所得税・住民税の合計が31万２０００円となりますが、住民税は最大９万７５００円までしか控除を受けられないというルールがあるため、19万８５００円が減税対象となります。

②は年末の借入残高の０・７％が減税対象になるので、３５００万円そのまま残っていた場合、24万５０００円が減税対象の金額になります。

③は物件種別に応じて上限額が決まりますが、ハウスメーカーの家はほぼ長期優良住宅なので、２０２３年までの入居の場合、上限５０００万円の０・７％である35万円が対象になります。

①〜③の中で一番小さい金額が減税対象なので、減税額は①の19万８５００円となるわけです。この金額が住宅ローン控除期間の13年間、毎年控除され、合計で約２６０万円戻ってきます。

## 住宅ローン減税の3つのパターン

①所得税・住民税の支払い額（住民税は最大９万7,500円）

②年末の住宅ローン残高の 0.7%

③借入上限額の 0.7%（長期優良住宅は35万円）

**①～③のうち、最も小さい金額が控除される**

ざっくりとしたイメージですが、年収が４００～５００万円だと①に該当するケースが多いです。また、年収が５００～６００万円だと②となり、年収が６００万円以上だと③になることが多いです。住宅ローン減税は、高収入な人ほど減税額が大きくなるため、このような現象が起こります。

## 住宅ローン控除の借入限度額（新築）

| | 入居年 | | | |
|---|---|---|---|---|
| | 2022年 | 2023年 | 2024年 | 2025年 |
| 長期優良住宅など | 5,000万円 | | 4,500万円 | |
| ZEH 水準省エネ住宅 | 4,500万円 | | 3,500万円 | |
| 省エネ基準適合住宅 | 4,000万円 | | 3,000万円 | |
| その他の住宅 | 3,000万円 | | 2,000万円 | |

2022 年度税制改正で、新築の住宅ローン減税の控除率は 1%→0.7%、控除期間は10年→13年、控除対象となる借入残高の限度額は上記のようになりました。

STEP 8

# 変動金利VS固定金利

POINT

**短期的に見た場合、変動金利は一時的に金利が上昇したとしても、長期的に見れば、固定金利よりも得になる可能性が高いと考えます。**

ある程度、住宅ローンの仕組みを理解したら、次は**変動金利と固定金利**、どちらで住宅ローンを組むかを検討しましょう。

両者を簡単に説明すると、変動金利は**定期的に利率が見直される金利**で、固定金利は住宅ローンの借入期間中、**ずっと金利が固定**されるものになります。

どちらがよいかというと、**変動金利一択**でしょう。今後、変動金利が上昇しても、それは一時的であり、高水準が維持されるとは考えにくいからです。

住宅ローンの基準となる金利推移を表したものを短期プライムレートというのですが、過去30年間に2回だけ金利が上がっています。この傾向から、高金利の期間は平均で17カ月程度続き、約10年サイクルで訪れるということが予想できます。仮にこのサイクルで金利上昇が訪れた場合、35年の返済で3回、金利上昇タイミングが訪れることになるわけですが、その3回で変動金利と固定金利の総額が一緒になるようにシミュレーションしてみます。

すると、**今後、日本にバブル時代並みの金利が3回訪れないと、変動金利と固定金利の総額が一緒にならない**ことがわかります。これはあまりに非現実的ですよね。そのため、変動金利は短期的には上がることはあるものの、長期的に見た場合、固定金利より得になる可能性が高いわけです。

また、住宅ローン（元利均等方式の場合）は、最初の10年間で利息の約48%を支払う構造のため、最初の10年間はなるべく低い金利を使うのがおすすめです。以上から、変動金利一択となります。

## 短期プライムレートの推移

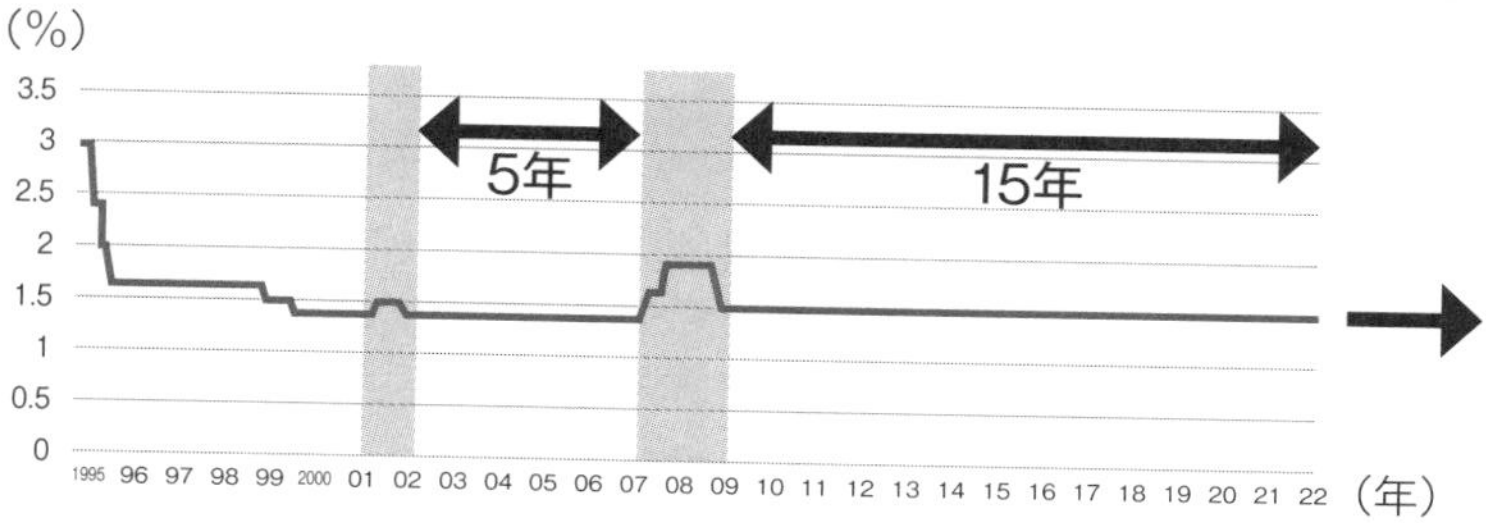


短期プライムレートは過去30年間で2回上昇

## 固定金利と変動金利の支払い額の比較

【条件】
借入額：3,500 万円
返済期間：35 年
返済方法：元利均等返済

借入期間 35 年の間に変動金利が３回ほど７%近くまで上昇しないと、840 万円の差を埋められません。これは、今後日本にバブルが３回こないと達成できない数字です。

### 固定金利と比べ、変動金利の支払い額は安い

| | 固定金利 1.5% | 変動金利 0.5%(※) |
|---|---|---|
| 毎月返済額 | 11.0 万円 | 9.0 万円 |
| 差額 | 2.0 万円<br>年間の差は **24 万円**<br>35年間の差は **840 万円** | |

※実際は変動金利は年2回見直されるが、ここでは当初設定した金利が変わらないものとして試算

### 金利総額が固定金利と同じになるのは？
**●変動金利　上昇シナリオ**

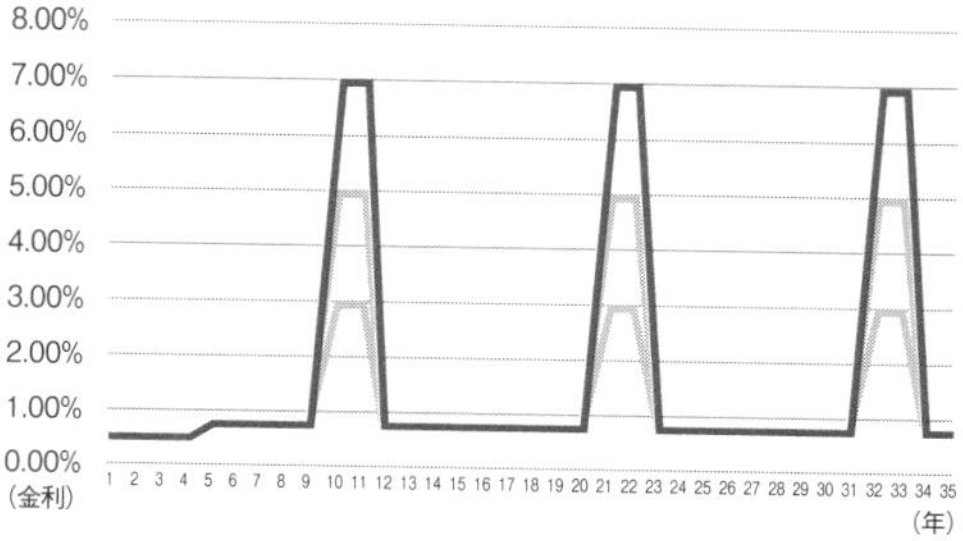


## 住宅ローン（元利均等方式）は最初の10年で利息の半分を支払う

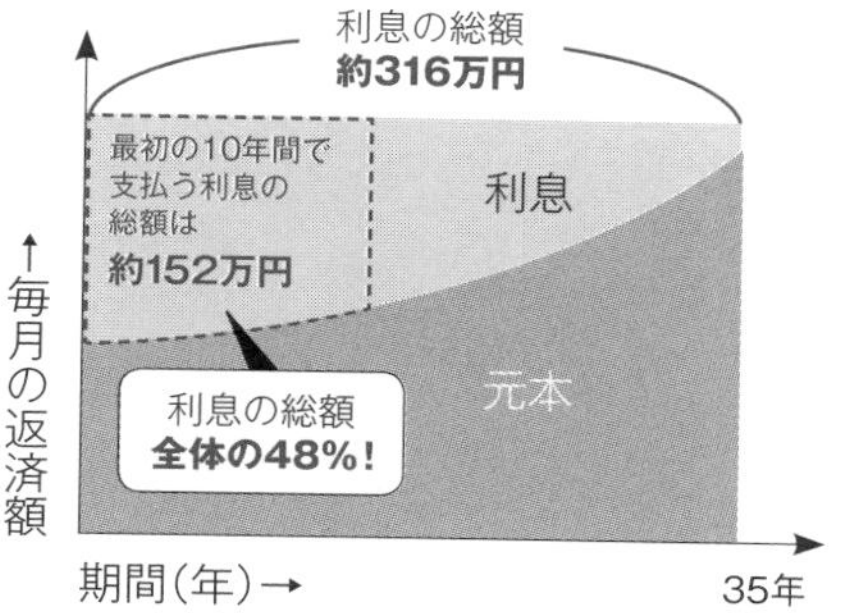


【条件】
借入額：3,500 万円
返済期間：35 年
返済方法：元利均等返済

最初の 10 年間はなるべく低い金利で借りて、元本返済に充てるのが得策です。

STEP 9

# 「フラット35」とは?

POINT

**フラット35は、一般的な住宅ローンよりも審査が通りやすく、夫婦連生団体信用生命保険に加入できるメリットもあります。**

フラット35は、住宅金融支援機構と民間金融機関が提携して扱っている住宅ローンです。**民間銀行の一般的な住宅ローンと比べて、借りやすい**という特徴があります。

たとえば、一般的な住宅ローンの場合、就職・転職したてだと、どうしても審査が不利になります。一般的な住宅ローンを組む場合、最低でも1年以上の勤続年数を求められることが多いためです。

そのほか、自営業の方や団体信用生命保険に加入できない方は、一般的な住宅ローンを組めないことが少なくありません。こういうときに活躍するのが、フラット35です。まさに、家を建てたい人にとっての最後の砦が、フラット35といえるでしょう。

そんなフラット35には、メリットの一つとして、「**夫婦連生団体信用生命保険**」という保険に加入できる点があります。

たとえば、銀行の一般的な住宅ローンを夫婦共有の名義で借りるとします。このときの持分が夫50%、妻50%だった場合、夫が亡くなったら夫分のローンは完済になりますが、妻分のローンは残ります。

しかし、フラット35だと、借入金利に0・18%を上乗せすることで、夫婦連生団体信用生命保険に加入でき、夫婦どちらかが亡くなっても、残債が0になるのです。

一方、フラット35のデメリットとして、全期間固定金利型の商品であるため、金利が高い点が挙げられます。さらに、借入上限額が8000万円と決まっています。

また、フラット35は**窓口となる金融機関によって手数料が異なる**ので、なるべく複数の金融機関で比較しましょう。

## フラット35と民間ローンの違い

| | フラット35 | 民間ローン |
|---|---|---|
| 選択できる金利 | 全期間固定のみ | 変動金利、固定期間選択、金利ミックス、全期間固定など |
| 審査基準 | 柔軟な審査（勤続年数などの規定なし） | 普通～厳しい（勤続年数 1 年以上、一定以上の年収額など） |
| 手数料 | 数万円～借入額の 2%程度 ※金融機関によって異なる | 数万円～借入額の 2%程度 ※金融機関によって異なる |
| 保証料 | かからない | 借入額の 2%程度など ※金融機関によって異なる |
| 借入限度額 | 8,000 万円 | 最大 1 ～ 2 億円 |
| 借入時年齢制限 | 70 歳未満 | 金融機関による |
| 団体信用生命保険の加入 | 任意（原則加入） | 必須 |
| 物件の技術基準の審査 | あり | 原則なし |

## フラット35の仕組み

窓口である金融機関が一旦お金を貸し出して、その貸し出した権利（債権）を住宅金融支援機構に渡すという流れ

フラット 35 は 300 以上の金融機関が取り扱っており、申し込む金融機関によって、借入金額の 0.77 ～ 2.2%程度と、事務手数料がかなり異なります。1%以上の差があるということは、たとえば 4,000 万円借りたら 40万円の差が出るということ。事務手数料はなるべく安い金融機関を利用するのがおすすめです。

STEP 10

# 住宅ローンはどこで組めばいい？

POINT

ネット型住宅ローンは金利の安さが魅力ですが、審査が厳しく、すべての手続きを自分でしなければならないデメリットもあります。

住宅ローンには、街の銀行で組む**リアル店舗型の住宅ローン**と、ネットで申し込む**ネット型住宅ローン**の2つがあります。

両者を比較すると、**ネット型住宅ローンの方が金利は低くなります**。具体的に言えば、ａｕじぶん銀行、住信ＳＢＩネット銀行、ソニー銀行の三行は、金利の低さもさることながら、三大疾病保障をつけることができるため、ネット型住宅ローンでは非常に人気が高いです。

しかし、ネット銀行には2つの大きなデメリットも存在します。

1つ目は、**審査が非常に厳しい**という点です。リアル店舗型の住宅ローンよりも審査基準が厳しく、融通もほぼ効きません。

2つ目は、**手続きに手間がかかる**という点です。リアル店舗型の住宅ローンの場合、極端な話、住宅営業マンに丸投げしても、勝手に段取りしてくれることもあります。

しかし、ネット銀行の場合、すべて自分で段取りしなければならず、書類の準備や融資の申請など、手続きするのに相応の労力と時間を要することになります。

これらのデメリットから、**リアル店舗型の住宅ローンを選ぶ人もまだ多い**です。そのため、最初からどちらか一方に寄せて考えるのではなく、バランスよく双方を比較し、検討することをおすすめします。

ちなみに、リアル店舗型の住宅ローンの内容は、居住地域によって大きく異なります。特定地域のみで展開している地方銀行や信用金庫が存在するためです。リアル店舗型の住宅ローンのおすすめは、担当の住宅営業にきいてみるのがよいでしょう。

## 各ネット銀行の三大疾病の保障内容比較

| | | au じぶん銀行（がん100%保障団信プレミアム） | 住信 SBI ネット銀行（スゴ団信 3大疾病 100プラン） | ソニー銀行（3大疾病団信） |
|---|---|---|---|---|
| 三大疾病 | がん | **がん診断時** | | |
| | 心疾患 | **60日以上の労働制限 or 手術** | | |
| | 脳血管疾患 | **60日以上の神経学的後遺症（言語障害など）or 手術** | | |
| 肝疾患、腎疾患 | | **60日以上の入院** | ― | ― |
| 月次返済保障 | | 最長５カ月間の返済保障 | 最長12カ月／21カ月間の返済保障 | ― |
| 長期入院／就業不能保障 | | **病気にケガによる180日以上の入院** | **12カ月／24カ月以上の就業不能状態** | ― |
| がん診断給付金 | | 100万円 | ― | 100万円 |
| 先進医療給付金 | | 2,000万円 | 1,000万円 | 1,000万円 |

※2023年11月現在

**太字の場合に、残債を0にすることができる**

## 三大疾病保障を付けた場合の各ネット銀行の住宅ローン金利比較

| | au じぶん銀行（がん100%保障団信プレミアム） | 住信 SBI ネット銀行（スゴ団信 3大疾病 100プラン） | ソニー銀行（3大疾病団信） |
|---|---|---|---|
| 40歳未満 | 0.469% | 0.498% | 0.597% |
| 40～51歳 | | 0.698% | |
| 51歳～ | 加入不可 | | 加入不可 |

※各金融機関の変動金利（2023年11月現在）を基に算出

三大疾病保障を付けても、かなり低い金利で借りることができますが、ネット銀行は審査が厳しいです。住宅ローンが借りられなければ、家づくりは進められませんので、リアル店舗型銀行での借入も柔軟に視野に入れるようにしましょう！

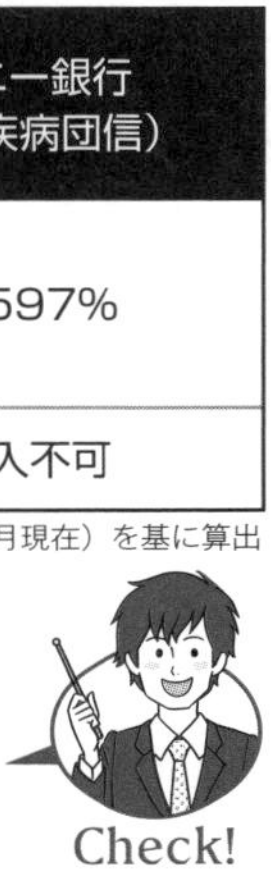

Column

# お金をかける優先順位は？

家づくりにおいては「後から簡単に変更できない部分に手間とお金をかける」のが基本です。たとえば、土地、構造躯体、換気・空調設備などは、後から変えようと思ってもなかなか変えることができないため、優先して手間とお金をかける要素です。

注文住宅は、「頑丈かつ健康でいられる住まいをつくる」ことがベースであり、予算が余ったらデザインにお金を回す、というのがポイントです。どんなにデザインがよくても、居心地が悪く、光熱費のかかる家では意味がありません。

そのため、建物の基本スペックの向上には、できるだけコストをかけるようにしてください。

デザインについては、玄関、リビング、トイレの3カ所は、力を入れるべき部分だと考えています。理由として、この3カ所は人目によく触れるとともに、滞在頻度の高い場所だからです。

たとえば、玄関は家族はもちろん、知人や友人、近所の方から郵便配達員まで、多くの人の目に触れます。玄関は家の顔ですから、優先度は上位です。

リビングを蔑《ないがし》ろにする人はあまりいないと思いますが、結果的に残念な空間になってしまうケースもあるので、最低でも床材にはこだわりましょう。

玄関とリビングにこだわっても、トイレの仕上がりが残念だった場合、客人などに「トイレにお金をかける余裕がなかったんだな」と思われてしまうかもしれません。油断せず、トイレにもきちんと力を入れましょう！

# Chapter 2
# 構法を知る

STEP 11

# ハウスメーカーによる家づくりの全体像

POINT

木造・鉄骨造住宅の違いや、それぞれの長所・短所など、基本的な知識を知らぬまま、家づくりを進めてしまうのは危険です！

ハウスメーカーで家づくりをする場合、一部の富裕層に向けて商品展開されている鉄筋コンクリート造（RC造）や、木造＋鉄筋コンクリート造の混構造を除けば、主に**木造住宅**か、もしくは**鉄骨造住宅**のどちらかを選ぶことになります。

ただし、「木造住宅と鉄骨造住宅の根本的な違いは何なのか？」「木造住宅と鉄骨造住宅それぞれの長所と短所は？」など、**施主自身が基本的なことをおさえておかないと、正しい選択はできません。**

ハウスメーカー各社は、今まで脈々と受け継がれてきた住宅建築の構法を改良・進化させ、独自の構法として発展させた商品を扱っています。つまり、木造住宅や鉄骨造住宅の基本を理解していないと、それらを発展させたハウスメーカー独自の構法の良し悪しも読み解くことができないということです。

また、今までの住宅業界は、自社商品が他社商品よりもどこが優れているのか、他社商品のどこが悪いのか、そして、自社を有利に進めるためには、どんな営業トークをすればよいのか……というような、小手先の部分ばかりに意識が向けられてきたように思います。そのため、営業の現場では、競合他社を蹴落とすためだけに生まれた、根拠のない営業トークが蔓延《はびこ》っているのが現状なのです。

この**住宅業界の実情を知らぬまま、ただ担当営業マンの説明を鵜呑みにしてしまうのは、非常に危険**です。遠回りのように思えるかもしれませんが、まずは家づくりの基本的な知識を身につけましょう！

## ハウスメーカーで家づくりをするときの最初の心がけ

ハウスメーカーで建てる家は、**木造** か **鉄骨造** のどちらか

↓ だからこそ……

**何となく動き出す前に、構法について基本を押さえておくことが重要！**

- 木造住宅と鉄骨造住宅の違いは何か
- それぞれの長所や短所は何か
- 理想の暮らしを実現するには、どちらが合っているか……など

### ⚠ 木造と鉄骨造の基本を押さえておかないと

- 各ハウスメーカーの独自構法を理解できない
- 営業マンの根拠のない営業トークを鵜呑みにしてしまう

遠回りに思えるかもしれませんが、「とりあえず住宅展示場に行ってみる」ではなく、まずは基本的な知識を身に付けることから始めましょう！

STEP 12

# 木造住宅の長所・短所とは？

POINT

木造のメリットは、断熱性能・気密性能・デザイン自由度の高さなど。一方で、強度面や大規模リフォームの観点だと鉄骨造が有利です。

木造住宅のメリットは、大きく3つ存在します。

1つ目のメリットは、**断熱性能が高い**という点です。断熱性能とは、家が受ける外気の影響を低減し、室内の温度を保持してくれる性能のことです。木と鉄、それぞれの素材特性を比較すると、鉄は木の300～500倍熱を伝えやすいという性質があります。そのため、断熱性能という面においては、木造の方が鉄骨造よりも有利な構造ということになります。

2つ目のメリットは、**気密性能が高い**という点です。気密性能とは、家にどれだけ隙間が空いているのかを一言で言い換えたものです。鉄は素材自体が温度で伸縮する特性がある都合上、多少の隙間ができやすいのですが、木にはそのような特性がないことから、気密性能が優れているといわれています。

3つ目のメリットは、**デザインの自由度が高い**という点です。木造の方が細かい調整がしやすく、デザイン性を追求するとなると、木造の方が有利となってきます。

これら3つが、木造の主なメリットになります。一方で、木造にはデメリットも大きく2つあります。

1つ目のデメリットは、**鉄骨造と比較したときに強度面で劣る**という点です。災害時に身を守るということを考えると、強度の高い鉄骨造が有利です。

2つ目のデメリットは、**大規模リフォームに不向き**であるという点です。建物の強度低下を考えると、安易に木造住宅を大規模リフォームすることは難しいです。

## 木造住宅のメリット

### ①断熱性能が高い

- 「断熱性能」とは、外気の影響を低減し、屋内の温度を保持する性能のこと
- 鉄は木の約300 ～ 500 倍熱を伝えやすい → 鉄骨造より木造の方が断熱性能が高い

### ②気密性能が高い

- 「気密性能」とは、「どれだけ隙間のない家か」ということ
- 鉄は温度で伸縮する特性アリ → 鉄骨造より木造の方が気密性能が高い

### ③デザインの自由度が高い

- 木造のほうが細かい調整がしやすく、鉄骨造よりもデザイン性を追求しやすい

## 木造住宅のデメリット

### ①鉄骨造より、強度面で劣る

- 災害時を考えると鉄骨造が有利

### ②大規模リフォームに不向き

- 建物の強度低下の観点から、難しいことが多い

### ●各物質の熱伝導率一覧

| 物質 | 熱伝導率（W/m・K） | 物質 | 熱伝導率（W/m・K） |
|---|---|---|---|
| 銀 | 約420 | ガラス | 約1 |
| 金 | 約320 | ポリエチレン | 約0.03 |
| アルミニウム | 約220 ～ 240 | 木材 | 約0.15 ～ 0.25 |
| 鉄 | 約85 | 空気 | 約0.025 |

鉄は木材の約300～500倍熱伝導率が高い

これらの特徴から、どちらかというと木造住宅は、都心部のような狭小地ではなく、比較的広めの土地で建てる場合に向いているといえます。

STEP 13

# 木造軸組構法

POINT

木造軸組構法は、日本古来の伝統技術を発展させた構法です。自由な間取りが実現しやすい一方、品質にばらつきが出やすいという面も……。

**木造軸組《じくぐみ》構法**とは、**木の柱（縦の柱）と梁《はり》（横の柱）で組み上げていく構法**です。この構法は、日本の伝統建築に強く影響を受けている構法です。

昔は太い木材を大量に使うことで、丈夫な建物をつくっていました。これが木造軸組構法の原点「**伝統構法**」と呼ばれるものです。しかし、戦後のモノが無い時代、太い木材の確保が難しくなったため、筋交いと呼ばれる柱と柱の間に斜めに入れる部材を取り入れることで、従来の太い木材を使わなくてもいいようにしたのです。これが現在、日本で主流となっている「**在来構法**」です。また、近年では柱や梁の接合部に金物を使って建物の強度を上げる「金物構法」という新しい構法も登場しています。

このように、木造軸組構法の中にも色々な構法が存在します。しかし、現在は伝統構法での家づくりはされないため、在来構法の特徴さえ理解していれば、ハウスメーカーの構造躯体の良し悪しを自分で判断できるようになります。

在来軸組構法は、**自由度が高い**のが特徴で、柱と梁が十分な能力が発揮できる条件下であれば、建物の形状や間取りも比較的自由に調整できる点がメリットです。

ただし、在来軸組構法は、地域の大工がそれぞれ独自に発展させてきた経緯があるため、全国的な統一ルールのもとで培われてきた構法ではなく、歴史的にも成り行きで発展してきた構法です。こういった背景から、在来軸組構法は**品質に大きなバラつきがある**というデメリットがあり、このような状況は今もなお続いています。

## 木造軸組構法

# 木造軸組構法とは

木の柱（縦の柱）と梁（横の柱）で組み上げていく構法

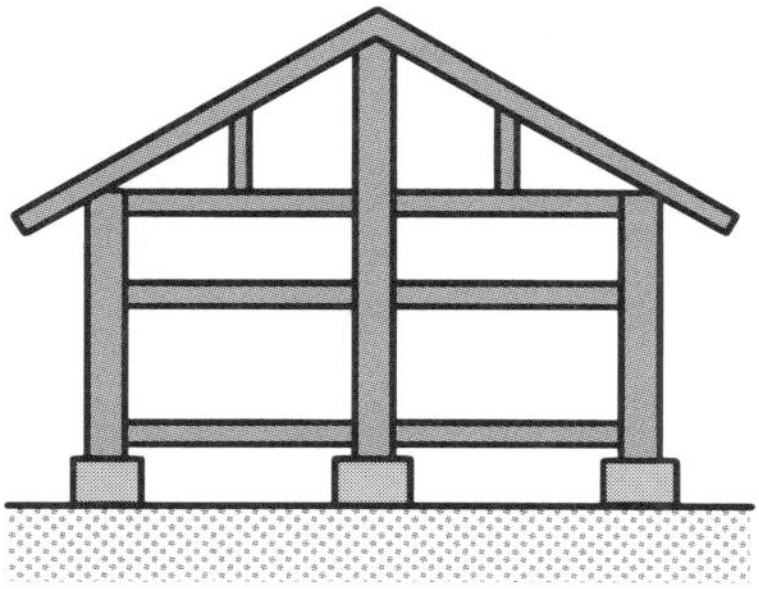

### 伝統構法

・太い木材を大量に使う伝統的な構法
・神社仏閣などの建築に採用されている

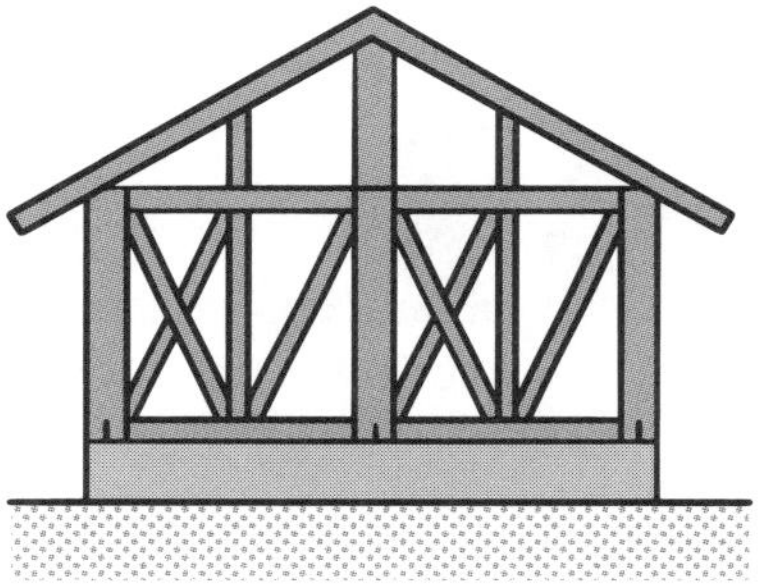

### 在来構法

・現代では主流の構法
・建物の形状や間取りの自由度が高い
・品質にバラつきが出やすい

## 木造軸組構法の要素が取り入れられている各ハウスメーカーの構法

# ＜在来構法がベース＞

・大和ハウスの「xevo GranWood（ジーヴォグランウッド）」
・住友林業の「ビッグフレーム（BF）構法」など

# ＜伝統構法と在来構法の組み合わせ＞

・積水ハウスの「シャーウッド」など

まずは一般的な木造軸組構法のメリット・デメリットを理解することが重要です。そのうえで、各ハウスメーカーの構法がどのようにして、そのデメリットを補っているかに着目してみましょう！

STEP 14

# 木造枠組壁構法

POINT

**木造枠組壁構法は、マニュアル化されているため、施工者の技量に左右されづらく、品質が安定しやすいのが特徴です。**

**木造枠組壁《わくぐみかべ》構法**とは、**木材でつくった枠に、構造用合板等を釘で打ち付けて、壁・床・屋根を形成する構法**のことです。

この構法はもともと海外発祥です。戦後、住宅需要が急増した際、誰でも合理的に家づくりができるよう、規格を設けてマニュアル化した流れから発展しました。そのため、誰がつくっても一定水準以上の家づくりができるというのが、木造枠組壁構法の最大の特徴です。その流れを受け、日本でも１９７４（昭和49）年から、木造枠組壁構法が一般化されました。

木造枠組壁構法は、木造軸組構法より地震に強いといわれるケースがあります。これは、阪神・淡路大震災のときに、木造枠組壁構法よりも、木造軸組構法の方が被害が大きかったからです。というのも、木造軸組構法はルールが曖昧で、地域ごとに発展してきた背景があったため、品質にバラつきがありました。一方、木造枠組壁構法は**きちんとマニュアル化**され、ルールが徹底されたうえで建築されていたため、地震による被害が少なかったのです。

現在は、木造軸組構法の品質もボトムアップされてきています。そのため、木造枠組壁構法の方が地震に強くて、木造軸組構法の方が地震に弱いということはありませんが、一般論として木造枠組壁構法の方が**品質がよくなりやすい**傾向にあるということは、覚えておくとよいでしょう。また、木造枠組壁構法のデメリットとして、**開口部を大きく取りづらい**ということ、木造軸組構法と比較して、**間取りの自由度が下がる**ということなどが存在します。

## 木造枠組壁構法（ツーバイフォー構法）

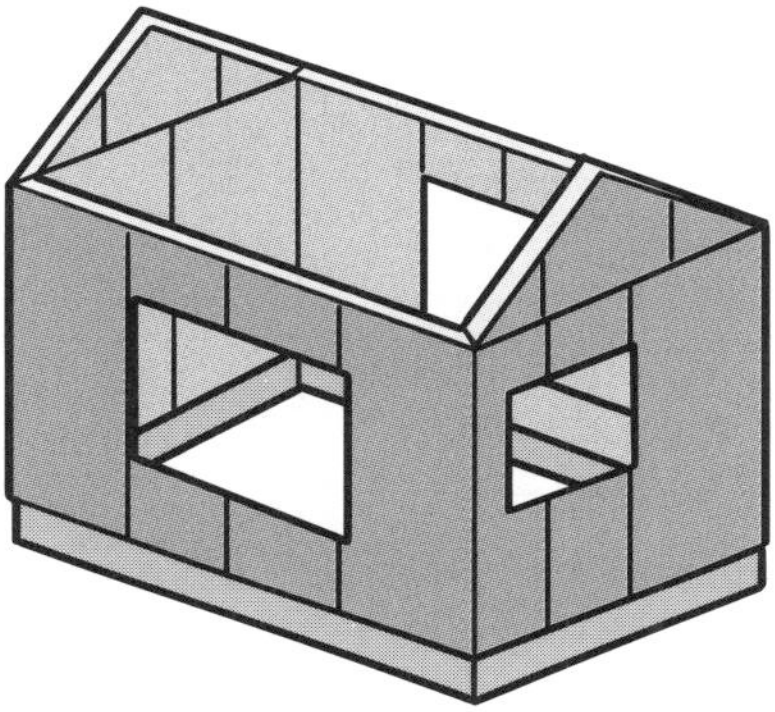

### 木造枠組壁構法とは

- 木材でつくった枠に、構造用合板などのパネルを打ち付けて、壁・床・屋根を形成する構法
- 品質のバラつきが出にくい
- 開口部を大きく取りづらい
- 木造軸組構法と比較して、間取りの自由度が下がる

## 木造枠組壁構法の要素が取り入れられている各ハウスメーカーの構法

- **ミサワホームの「木質パネル接着工法」**
- **三井ホームの「プレミアム・モノコック構法」**
- **一条工務店の「ツインモノコック構造」** など

## 阪神・淡路大震災における枠組壁構法住宅の被害調査結果

| 被害程度 | 被害発生理由 | | | | 合計棟数 |
|---|---|---|---|---|---|
| | 隣家のもたれかかりにより | 地盤の移動・液状化により | 内部の床のねじれ・不陸 | その他 | |
| 全壊 | 0棟 | 0棟 | 0棟 | 0棟 | 0棟 |
| 半壊 | 0棟 | 2棟 | 0棟 | 0棟 | 2棟 |
| 類焼 | ― | ― | ― | 8棟 | 8棟 |
| 一部損壊 | 21棟 | 156棟 | 1棟 | 101棟 | 279棟 |
| 計 | 21棟 | 158棟 | 1棟 | 109棟 | 289棟 |
| 多少の被害及び被害無 | 40棟 | 217棟 | 17棟 | 8,385棟 | 8,659棟 |
| 合計 | 61棟 | 375棟 | 18棟 | 8,494棟 | 8,948棟 |

出典：日本ツーバイフォー建築協会ウェブサイト

「木造枠組壁構法」は、2インチ×4インチ、あるいは2インチ×6インチの角材と構造用合板を使って、壁、床、天井、それぞれの面をつくり、家を建てていく構法です。そのため、「ツーバイフォー」「ツーバイシックス」という呼ばれ方をしています。

STEP 15

# 鉄骨造住宅の長所・短所とは？

POINT

**鉄骨造住宅のメリットは、災害に強いという点と、大規模リフォームが得意であるという点です。一方、断熱・気密性能は木造が有利です。**

鉄骨造で家を建てるメリットは、大きく2つ存在します。

1つ目のメリットは、**災害に強い**という点です。多くの方が自分たちの家の耐久性は気にすると思いますが、近隣の建物のことまで気にされる方はあまりいません。しかし、新居を構える以上、建築予定地の周囲にはどんな建物が建っているのか？　その建物は古いのか、新しいのか？　近隣住宅との距離は近いのか、それとも多少離れているのか？　などを把握し、そのうえで家の構造を考える必要があります。

阪神・淡路大震災では、地震自体の被害も大きかったのですが、それ以上に二次被害の火災がひどかったとされています。住宅には、地震とその後の火災から身を守ることができる堅牢さが不可欠であり、特に都心部などの住宅密集地や古い住宅街で家を建てる場合は、木造よりも鉄骨造の方が有利になるケースが多いです。

2つ目のメリットは、**大規模リフォームが得意**である点です。鉄骨造住宅は、骨組みだけを残して、空間をがらんどうにして室内を再構築することができます。木造住宅では柱や壁の問題で大規模リフォームが難しいことが多いため、この部分は鉄骨造の大きなメリットになります。

ただし、「熱を伝えやすい」「温度によって伸縮する」といった鉄の素材としての特性上、**断熱性能と気密性能は、木造に比べて不利になるケースが多い**です。そのため、鉄骨造を採用しているハウスメーカー各社が、どのようにしてそのデメリットを補っているかは確認する必要があります。

## 鉄骨造住宅のメリット

### ①災害に強い

・地震などで、周囲の建物の倒壊や火災から身を守りやすい

### ②大規模リフォームが得意

・リフォーム時に骨組みを再利用し、空間を再構築できる

## 鉄骨造住宅のデメリット

### ①断熱性能が低い

・鉄は木の約300 ～ 500 倍熱を伝えやすい → 木造よりも鉄骨造の方が断熱性能が低い

### ②気密性能が低い

・鉄は温度で伸縮する特性アリ → 木造より鉄骨造の方が気密性能が低い

### ③デザインの自由度が低い

・鉄骨造よりも、木造のほうがデザイン性を追求しやすい

## 新築戸建て住宅の構造別割合

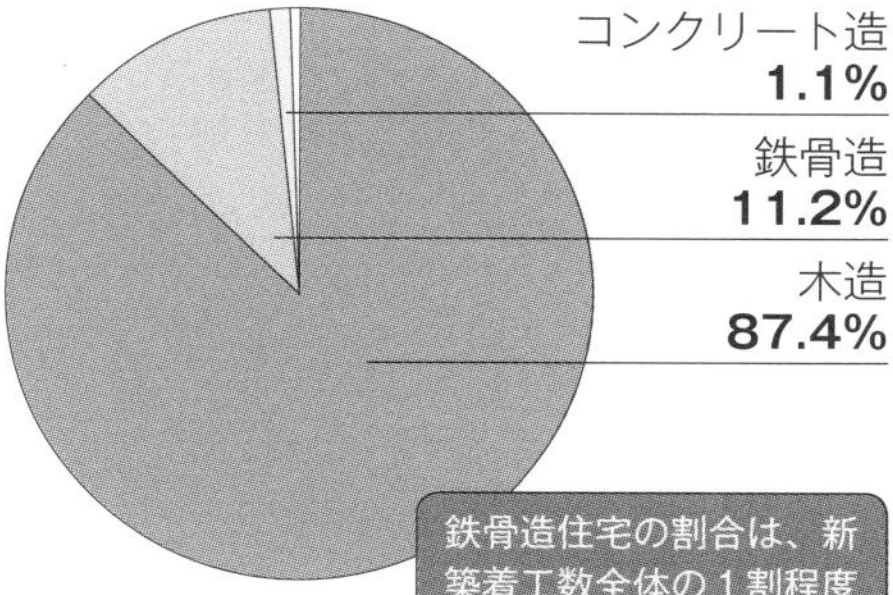


出典：国土交通省「建築着工統計調査報告（令和4年計分）」より作成

| 2022 年の新設持家着工数（国土交通省 住宅着工統計に基づき作成） | |
|---|---|
| 構造タイプ | （件・戸） |
| 木造 | 221,324 |
| 鉄骨造 | 28,359 |
| 鉄骨鉄筋コンクリート造、鉄筋コンクリート造 | 2,826 |
| コンクリートブロック造、その他 | 778 |
| 小計 | 253,287 |

※「賃家」「給与住宅」「分譲住宅」は含まない
※ 新設の「戸建て住宅」に限定

鉄骨造住宅は、都心部のような狭小地や住宅密集地で家で建てる場合に向いているといえます。

STEP 16

# 鉄骨軸組構法

POINT

**鉄骨軸組構法は、木造軸組構法の素材を木材から鉄骨に置き換えたもの。「ブレース」というX状の筋交いが制震装置の基本です。**

**鉄骨軸組《じくぐみ》構法**は、簡単にいえば、**木造軸組構法の木材部分を鉄骨に置き換えたもの**です。柱と梁を縦横に組み、筋交いと呼ばれる部材を斜めに渡すことで地震に強い構造をつくります。鉄骨の筋交いは「ブレース」という名称のため、鉄骨軸組構法は「ブレース構法」とも呼ばれます。このブレースの形状がハウスメーカー各社で異なっており、それぞれが独自に開発した耐震技術を商品化しています。

具体的には、積水ハウスの制振装置である「シーカス」や旭化成ホームズ（へーベルハウス）の制振フレーム「ハイパワードクロス」、パナソニック ホームズの制振装置「アタックダンパー」などです。これらのような制振装置は、ほとんどの鉄骨系メーカーで導入されていますが、その正体は各ハウスメーカーがブレース部分を独自に形状変化させたものです。

また、鉄骨軸組構法は、**間取りの柔軟性が高い**ことから、都心部などの狭小地でも建築されることが多い一方、鉄という素材の特性上、**防火素材で覆う対策が必須**となります。火災時、木は表面が炭化するおかげでゆっくり崩れるのに対し、鉄は一定以上の熱が加わると一気に崩れます。

そのため、各ハウスメーカーは外部からの延焼防止対策として耐火性能の高い外壁を取付け、内部は不燃材料である石膏ボードで覆い、鉄骨部分に直接火が当たらないよう、防火素材で覆う対策をしています。

ちなみに、鉄骨造住宅で使われる鋼材の厚みが6㎜未満のものを軽量鉄骨、6㎜以上のものを重量鉄骨といいます。

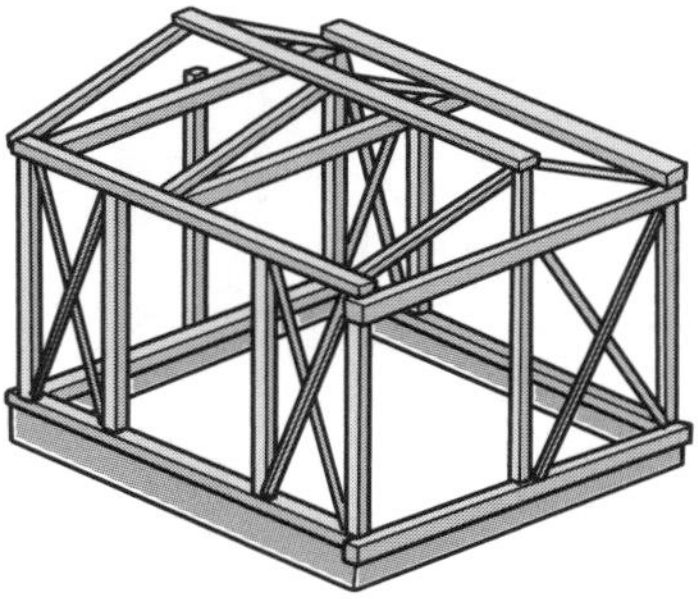

## 鉄骨軸組構法

### 鉄骨軸組構法とは

- 木造軸組構法の木材部分を鉄骨に置き換えたもの
- 柱（縦の柱）と梁（横の柱）を縦横に組み、耐力壁と言われるX 状の筋交い（ブレース）を斜めに渡した壁で建物を支える

## 鉄骨軸組構法を採用している各ハウスメーカーの構法

### ・積水ハウスの「ダイナミックフレーム・システム」

ブレース部分に制振装置「シーカス」を採用。オリジナルの外壁材「ダインコンクリート」を使って耐火性能を向上させている。

### ・大和ハウスの「xevo Σ（ジーヴォシグマ）」

ブレース部分に制振装置「D-N Σ QST(ディーネクスト)」を採用。オリジナルの外壁材「ベルサイクス」を使って耐火性能を向上させている。

### ・パナソニック ホームズの「制震鉄骨軸組構造（HS構法）」

ブレース部分に制振装置「アタックダンパー」を採用。セメントなどに特殊繊維を複合させたNTC外装材と、光触媒のタイル外壁「キラテック」を合わせて耐火性能を向上させている。

### ・ヘーベルハウスの「ハイパワード制振ALC構造」

ブレース部分に制振装置「ハイパワードクロス」を採用。独自開発のALCパネル「ヘーベル板」を使って耐火性能を向上させている。

## 標準加熱試験による材料の強度低下比較

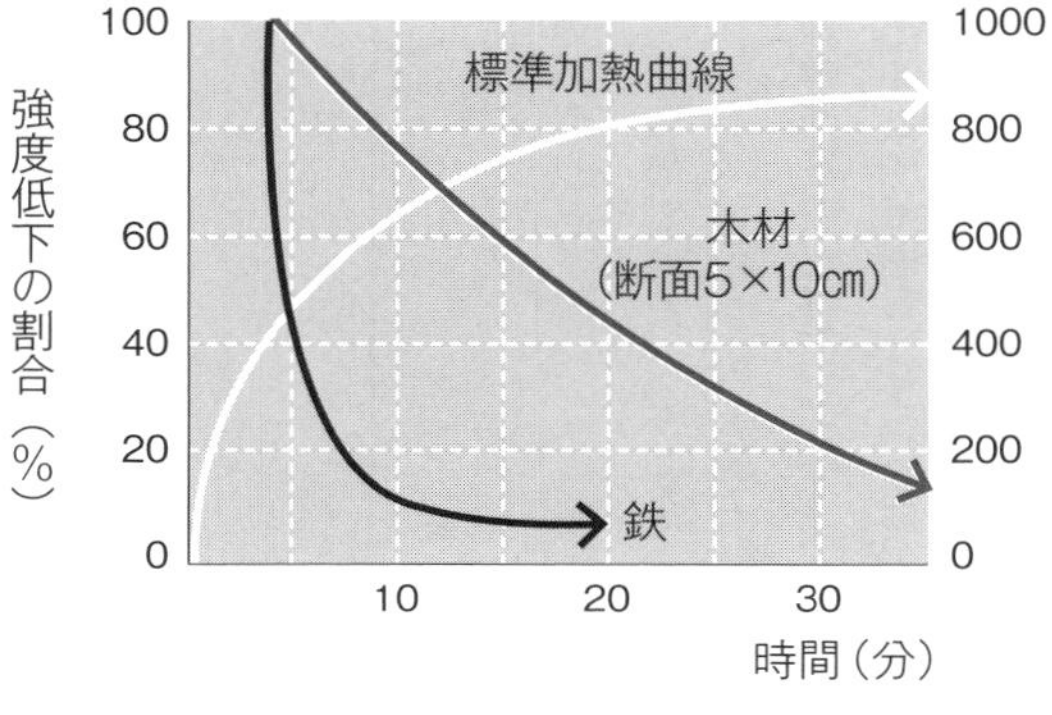

鉄はある一定の温度を超えると、急激に強度が低下する性質をもっています。そこで、各ハウスメーカーでは、鉄骨部分に火があたらないよう防火素材で覆う対策がされています。

STEP 17

# 鉄骨ユニット構法

POINT

**鉄骨ユニット構法は、品質のバラつきが少ないというメリットの一方、間取りや建設地に制限があるというデメリットがあります。**

鉄骨ユニット構法は、**工場生産された鉄の箱（通称・ユニット）を現場で組み立てる建築方法**です。この構法の最大の特徴は、工場で外壁や窓、断熱材など家の大部分を生産し、現場で組み立てるところです。

一般的な構法は、現場ですべてを組み立てます。しかし、現場での作業は、雨風に見舞われることによる建物の品質低下や工期の遅延、大工や職人の技術によって建物の質が左右されるなど、不確定要素がどうしても多くなります。

その点、ユニット構法は、屋根つきの工場で8割近く組み立てられた状態で現場に搬入されます。そのため、**一定以上の品質を保つことを考えると、ユニット構法は最適な構法**と言えます。

ちなみに、工場で生産して現場で組み立てる手法を総称してプレハブ構法といいますが、ユニット構法は最もプレハブ化された構法といえるでしょう。

ただし、ユニット構法は、**建築や間取りに対する制限が数多く存在**します。たとえば、**敷地の間口や接道幅が狭い場所ではユニットを搬入することができない**ため、建築不可になることがあります。

また、ユニットとユニットが重なる部分には梁が入るため、ユニットを跨《また》ぐような階段や水回りの設置は基本的にできません。梁が邪魔をして、階段を上る際に頭をぶつけたり、水道管を通すことができなかったりするためです。

鉄骨ユニット構法は、他の構法と比較して、**間取りの自由度がかなり低い**という点がデメリットになります。

## 鉄骨ユニット構法

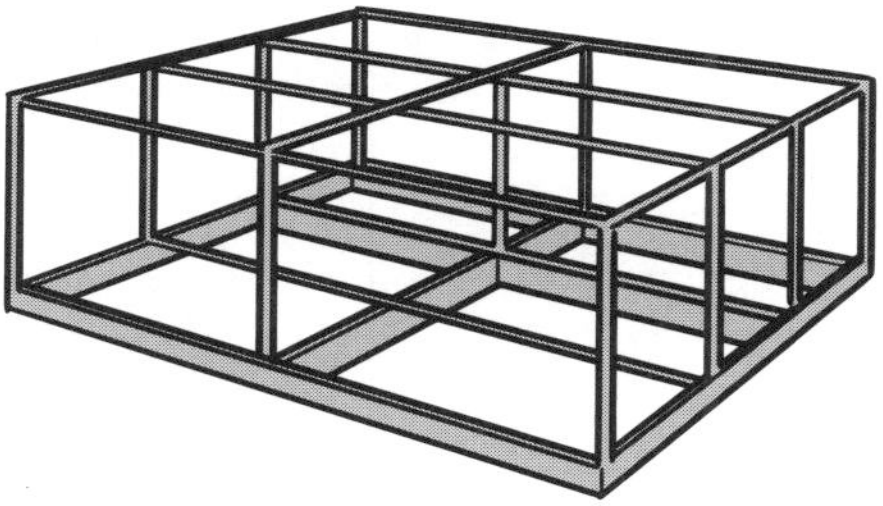

### 鉄骨ユニット構法とは

・工場生産された鉄の箱（通称：ユニット）を現場で組み立てる建築方法
・工場で外壁や窓、断熱材などを含めたユニットをつくり、現場で組み立てる
・品質のバラつきが少なく、工期が早い

## 鉄骨ユニット構法を採用しているハウスメーカー

### ・セキスイハイム

→オリジナル外壁材「SFCボード」などを使って耐火性能を向上させている。

### ・トヨタホーム

→オリジナル外壁材「ニューセラミックウォール」などを使って耐火性能を向上させている。

## 間取りの制限（ユニットを真上から見たときのイメージ）

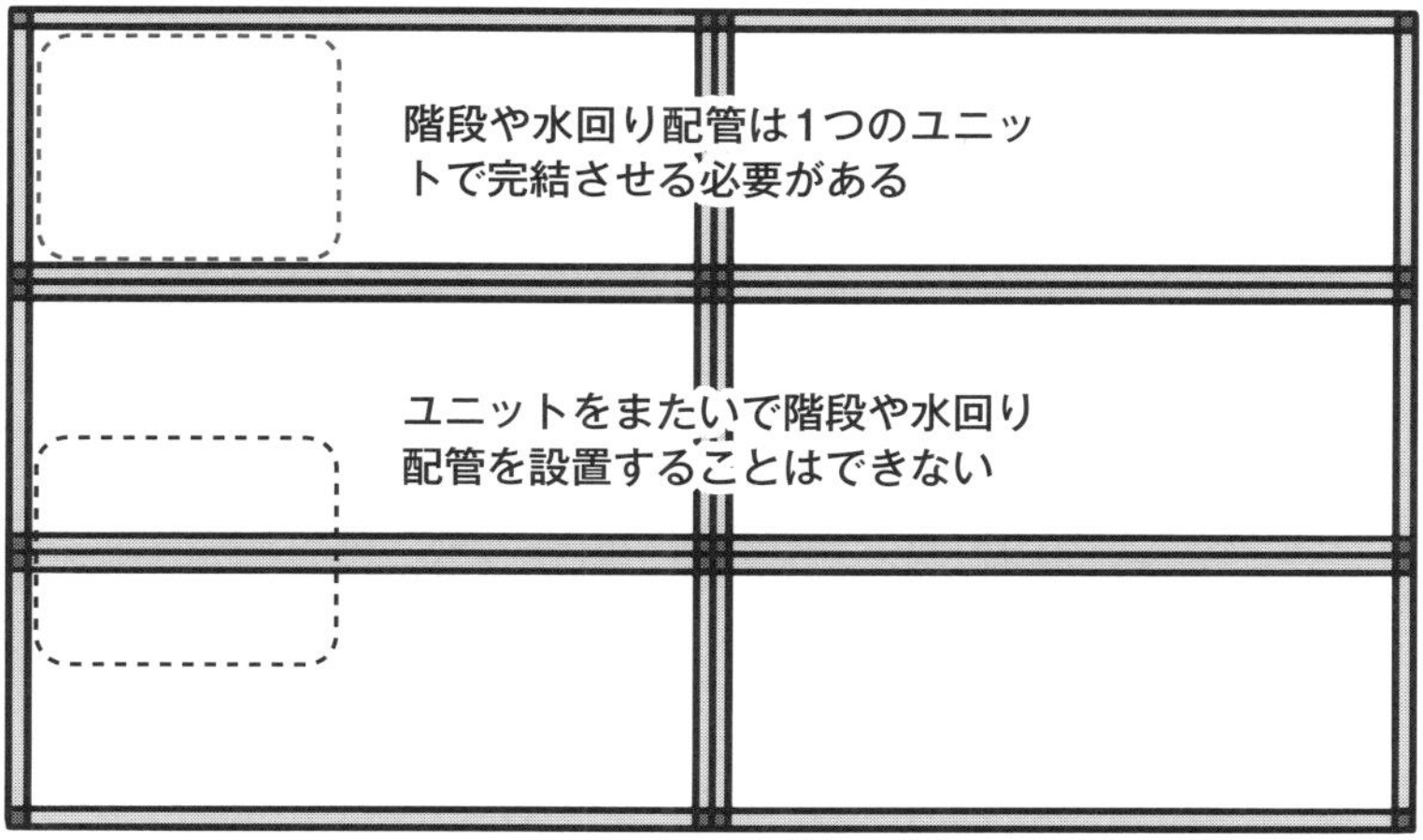
階段や水回り配管は1つのユニットで完結させる必要がある
ユニットをまたいで階段や水回り配管を設置することはできない

ユニット構法は、工期が早く、品質のバラつきがないというメリットの一方で、特殊な構法であるがゆえに、他の構法と比較すると、間取りの小回りが利かず、自由度は劣る傾向があります。

Check!

STEP 18

# 断熱の基本を知っておこう

POINT

**断熱とは、外気の暑さや冷気を室内に入れないよう遮断し、室温を快適に保つことです。断熱の基本は、床、壁、天井の3つです。**

**断熱**とは、**外気から受ける影響を低減させつつ、建物の保温力を高めること**をいいます。ハウスメーカー各社は、断熱に関してさまざまな工夫をしていますが、基本的なポイントは同じです。なので、基本的なポイントさえ押さえれば、簡単に各社の特徴を読み解くことができるでしょう。

断熱の基礎は、**床**、**壁**、**天井**の3つになります。

まず、床には**床下断熱**と**基礎断熱**という2種類の方法があります。それぞれ一長一短あるものの、多くのハウスメーカーは床下断熱を採用しています。床下断熱の方が、シロアリ対策をしやすいためです。ただし、**断熱効果は基礎断熱の方が高い**です。

続いて、壁です。壁は**充填《てん》断熱**、**外張り断熱**、**付加断熱**の3種類の断熱方法があります。充填断熱は、柱と柱の間に断熱材を入れる方法です。ほとんどのハウスメーカーがこの充填断熱を採用しています。次に外張り断熱ですが、これは柱の外側に断熱材を入れ、家全体を断熱材で包むように施工する方法です。壁の断熱構成は何を、どのくらいの厚さで使っているかが重要ですので、充填断熱と外張り断熱の優劣はあまりありません。最後に付加断熱ですが、これは充填断熱と外張り断熱の合わせ技です。断熱性能に関しては、**付加断熱が最も高く**なります。

最後に、天井です。天井は**屋根断熱**と**天井断熱**の2種類があります。基本的には多くのハウスメーカーが天井断熱を採用していますが、家の間取りによってこの部分は変わります。

## 床の断熱方法

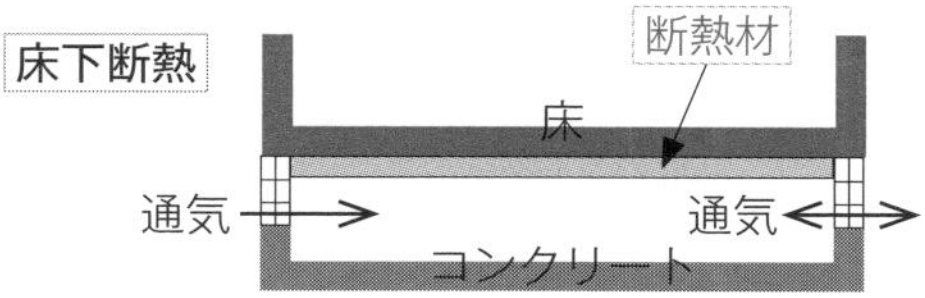


・床のすぐ下に断熱材を敷き詰める方法
・シロアリ対策がしやすい

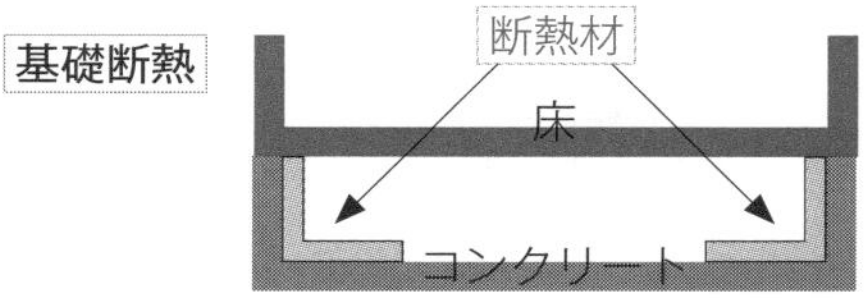


・基礎の立ち上がり部分を断熱材で覆う方法
・気密性を確保しやすく、断熱効果が高い

## 壁の断熱方法

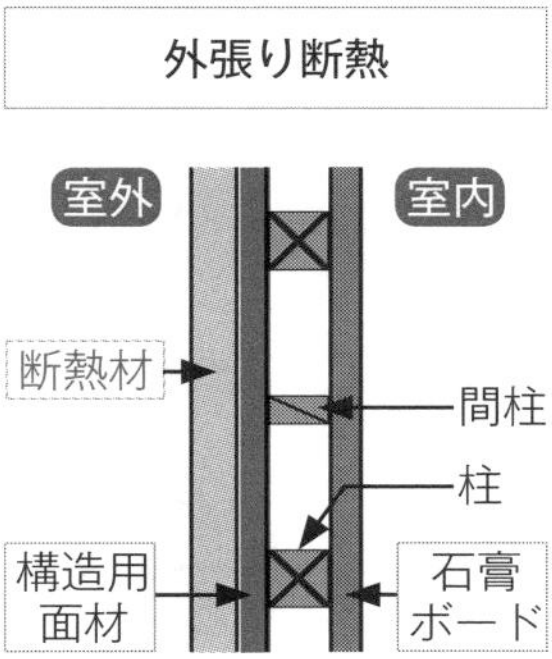


柱・間柱の外側に
断熱材を施工する

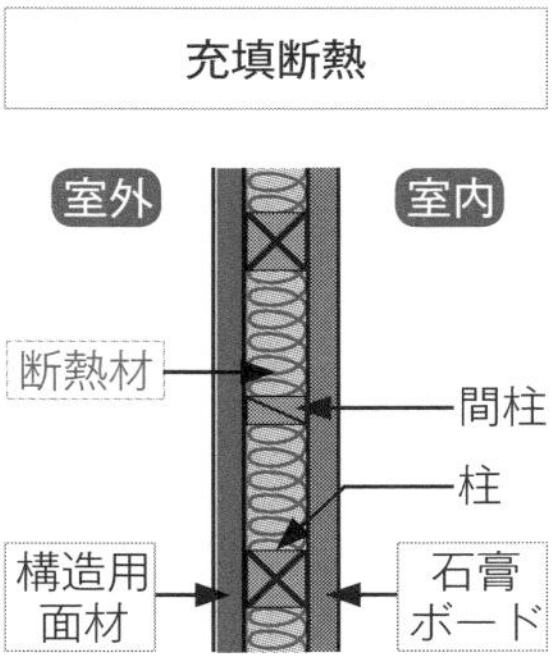


柱・間柱の間に
断熱材を施工する

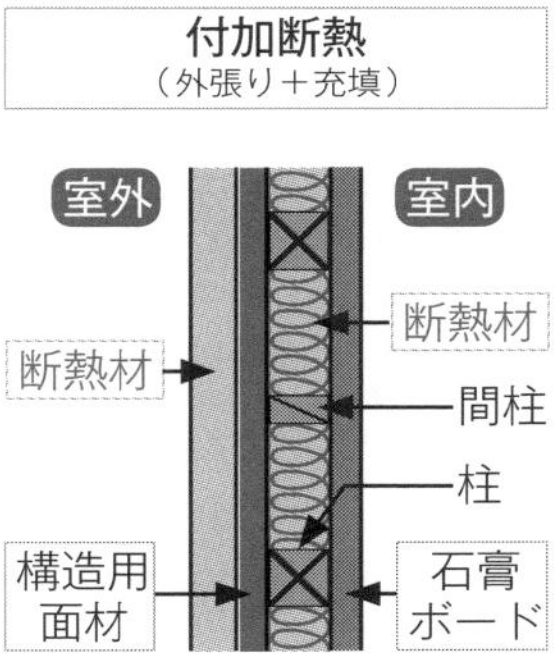


柱・間柱の外側と間の
両方に断熱材を施工する

## 天井の断熱方法

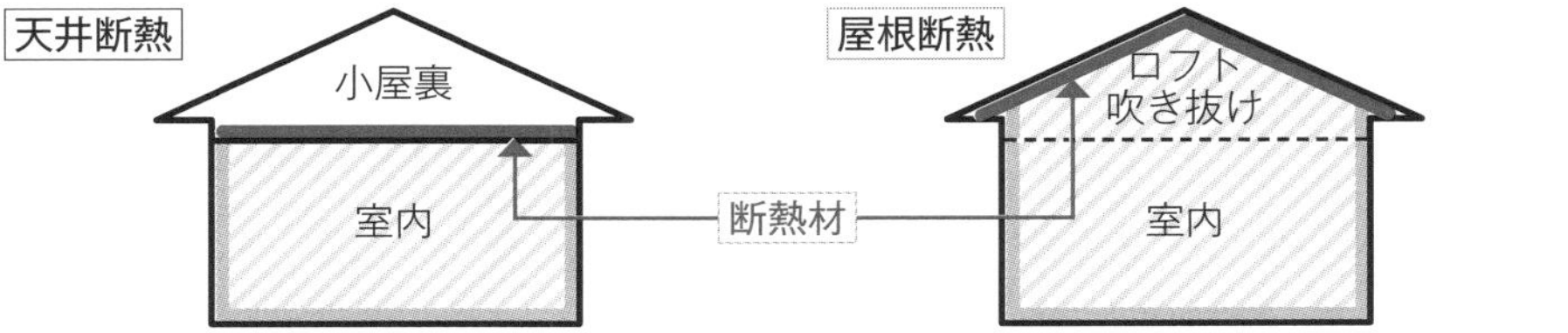


### 天井部分に断熱材を設置する方法

・低コスト
・断熱材の厚さに制限がない
・冷暖房する空間の容積が小さい

### 屋根部分に断熱材を設置する方法

・開放感のある空間（ロフトや吹き抜け）をつくれる
・輻射熱の心配がない

STEP 19

# 換気の基本を知っておこう

POINT

**第3種換気は自然に給気し、機械を使って排気する換気システムで、第1種換気は給排気いずれも機械で行う換気システムです。**

**換気**と聞くと、空気を入れ替えることだけをイメージする方が多いと思います。しかし換気には、**室内の空気の流動性を高めたり、室内の湿気を外に排出したり**する効果があります。そのため、換気を軽視していると、痛い目を見ることになります。

住宅の換気方法は主に2種類です。

1つ目が、**第3種換気**です。現在、最も多く提案されている換気方法で、外の空気をそのまま室内に取り入れ、機械で室内の空気を排気する方法です。そのため、夏は高温多湿の空気を、冬は乾燥した冷たい空気を、そのまま室内に取り入れることになるという換気方法です。

ただし、第3種換気は設置費用が安いというメリットがあります。そのため、初期費用を優先する場合は、第3種換気を選択するのもアリでしょう。

2つ目が、**第1種換気**です。第1種換気は、外の空気を機械で温度などの調整をした上で室内に給気し、その後、機械で排気する換気方法になります。

さらに、第1種換気には温度のみを調整する顕熱交換型第1種換気と、温度だけでなく、湿度までも調整してくれる全熱交換型第1種換気というものがあります。性能的には、温湿度の調整ができる全熱交換型第一種換気を推奨します。ただし、設置費用が高いのがデメリットになります。

また、第1種換気を導入した場合のメンテナンス費用を心配される方もいますが、各社メンテナンスの頻度は少なくなるよう設計しているため、そこまで頻繁に行う必要はありません。

## 換気の種類

### 第1種換気

給気・排気共に機械による制御。確実に換気を行うことができ、住宅に最適なシステム。

- 給気（取り込み口）：機械式
- 排気（排出口）：機械式

### 第2種換気

給気のみ機械。住宅にはほとんど採用されていない。

- 給気（取り込み口）：機械式
- 排気（排出口）：自然

### 第3種換気

機械で排気することによって、自然に給気する仕組み。最も普及している。

- 給気（取り込み口）：自然
- 排気（排出口）：機械式

#### 第1種換気のメリット

- 室内の温度や湿度を一定に保ちやすい
- 安定かつ効率的な換気ができる

#### 第1種換気のデメリット

- 設置費用が高い

#### 第3種換気のメリット

- 設置費用が安い

#### 第3種換気のデメリット

- 夏は高温多湿な空気を室内に入れてしまう
- 冬は乾燥した冷たい空気を室内に入れてしまう

あまり目立たない換気システムですが、健康で快適な住まいを支える大切なポイントです。換気の環境を整えることで、ホコリ、湿気、二酸化炭素、臭いなどを効率的に排出できます。後々になって後悔しないよう、慎重に検討しましょう。

Column

# 早いうちからハウスメーカーを絞るべき理由

ある程度、家づくりに関する基礎知識を身につけると、ハウスメーカー各社のホームページを見るだけで、そのメーカーの家づくりの良し悪しがおおよそ判断できるようになってきます。

さらに細かいことを知りたい場合は、私のYouTubeチャンネルに解説動画をアップしているので、そちらをご覧いただければ、住宅展示場に直接行かずとも、ハウスメーカーを絞ることができるはずです。

注文住宅を建てるうえでは、この「絞る」という行為が重要です。その理由は2つあります。

1つ目が、かけた時間に対して打ち合わせの進捗が浅いからです。実は、ハウスメーカーとの打ち合わせは1回で最低でも3時間、場合によっては5時間近くかかることもあります。そのため、検討するハウスメーカーを増やせば増やした分だけ、負担が増えることになります。

2つ目は、見積もりの精度が悪くなるからです。注文住宅という商材は、すぐに見積もりを出すことができません。一つ一つ丁寧に要望を聞き、積み上げていくことで見積もりが完成する仕組みであるからです。

営業マン任せの大雑把な見積もりをつくることも可能ではありますが、それだと見積もりの精度が粗くなってしまい、契約後の打ち合わせで金額が大幅に増加するリスクが大きくなります。

つまり、契約の前段階で各ハウスメーカーと深い打ち合わせをする必要があり、そのためには、最初からある程度検討するハウスメーカーを絞る必要があるわけです。

Chapter 3

# ハウスメーカーを絞る

STEP 20

# 大手・中堅・ローコストハウスメーカーの違い

POINT

**大手ハウスメーカーと、中堅・ローコストハウスメーカーの大きな違いの1つが、契約後に行う打ち合わせ期間の充実度です！**

日本には数多くのハウスメーカーが存在します。その中でも、業界で大手ハウスメーカーと呼ばれているのが、積水ハウス、セキスイハイム、へーベルハウス、大和ハウス、住友林業、ミサワホーム、パナソニックホームズ、トヨタホーム、三井ホームの9社になります。ただし、大手ハウスメーカーの定義は、昔から業界を牽引してきた企業というだけで非常に曖昧です。そのため一条工務店やタマホームなども大手ハウスメーカーに含める人もいます。

しかし、大手ハウスメーカー9社とそれ以外のハウスメーカーで大きく異なる点が存在します。それが**契約後の打ち合わせの長さ**です。

注文住宅は非常に特殊な商材です。納得できるクオリティの高い家をつくろうとすると、契約後の打ち合わせの期間が長くなります。しかし、ハウスメーカーは、施主に家を引き渡して初めて利益を得る収益構造なので、家を引き渡すまでの間は無収入状態で企業運営をしなければならなくなります。大手各社は打ち合わせの期間に制限がないことが多いため、クオリティの高い家づくりができる環境が整っている反面、価格は高くなります。

一方、大手以外の多くのハウスメーカーは、価格を落とすために契約後の打ち合わせを短縮する仕組みを取っている傾向があります。たとえば、間取りや選べる仕様に制限をかけて、施主の選択肢を減らすなどです。このような仕組みの都合上、細かい提案をしにくい環境になっていることは、頭に入れておくとよいと思います。

## 大手ハウスメーカーと中堅・ローコストハウスメーカーの違い

**大手ハウスメーカー9社**

- 積水ハウス
- セキスイハイム
- ヘーベルハウス
- 大和ハウス
- 住友林業
- ミサワホーム
- パナソニック ホームズ
- トヨタホーム
- 三井ホーム

→

- 契約後の打ち合わせをじっくり行える
- クオリティの高いこだわった家づくりが可能
- 人件費などコストがかさみ、金額は高め

**中堅・ローコストハウスメーカー**

→

- 大手よりも価格は安め
- 細かい提案・こだわった提案がしづらい
- 人件費などのコスト削減のため、打ち合わせを短縮する仕組みがある場合が多い

STEP 21

# 住宅業界の「現在地」をつかんでおこう

POINT

**省エネや健康の観点から、住宅の断熱・気密性能の重要度が増しています。今は各社が断熱・気密性能の向上を図っている過渡期です。**

現在の住宅業界は過渡期です。背景にあるのは、地球環境への配慮です。つまり、**建物の断熱性能・気密性能を向上させることで、より省エネな住宅をつくっていこうというのが昨今の流れ**なのですが、ハウスメーカーによって、その対応に大きく差があるのが実情です。

住宅業界では、1999年に断熱等性能等級4（当時の最高基準）が制定されて以来、23年後の2022年3月まで、ずっと同じ基準が維持されてきました。そして、2022年4月から断熱の最高等級5が定められ、同年10月からは**最高等級が7にまで引き上げ**られました。

これにより、これまで断熱・気密性能に関してほとんど進歩がなかった日本の家づくりが、ようやく動き始めたわけです。

冬の日本の住宅の室内平均温度は約10度です。これは、ロシアやデンマークなど、日本よりも高緯度に位置し、寒さが厳しい国よりも低い数値です。つまり、世界的に日本は家の中が圧倒的に寒いのです。

日本では、交通事故による死亡者数よりも、冬の入浴時など、急激な寒暖差で血圧が乱高下することによる「**ヒートショック**」で亡くなる人の数の方が多いような状況です。また、夏においても、熱中症の発生場所として最も多いのは、実は家の中です。

これらのリスクは、住宅の断熱・気密性能が低いことが一因です。さらに、法改正により2025年4月から、新築住宅は省エネ基準に適合するよう義務付けられる予定で、**断熱・気密性能がますます求められる時代**になってきています。

## 日本は冬の室温が世界でも低く、断熱基準も低い

**【各国の冬の平均的な室温】**

| 国 | 室温 |
|---|---|
| ロシア | 24°C |
| アメリカ | 20°C |
| デンマーク | 18.4°C |
| ドイツ | 17°C |
| フランス | 16.8°C |
| イギリス | 15.2°C |
| 日本 | 10°C |

**【各国の断熱基準(UA値)】**

| 国 | UA値 |
|---|---|
| フランス | 0.36 |
| ドイツ | 0.4 |
| イギリス | 0.42 |
| アメリカ | 0.43 |
| 日本<br>(従来の最高等級4) | 0.87 |

高 断熱性能 低

UA値は家の断熱性能をあらわす値で、数値が小さいほど熱が逃げにくく、断熱性能が高い

## ヒートショックで亡くなる人は、交通事故よりも多い

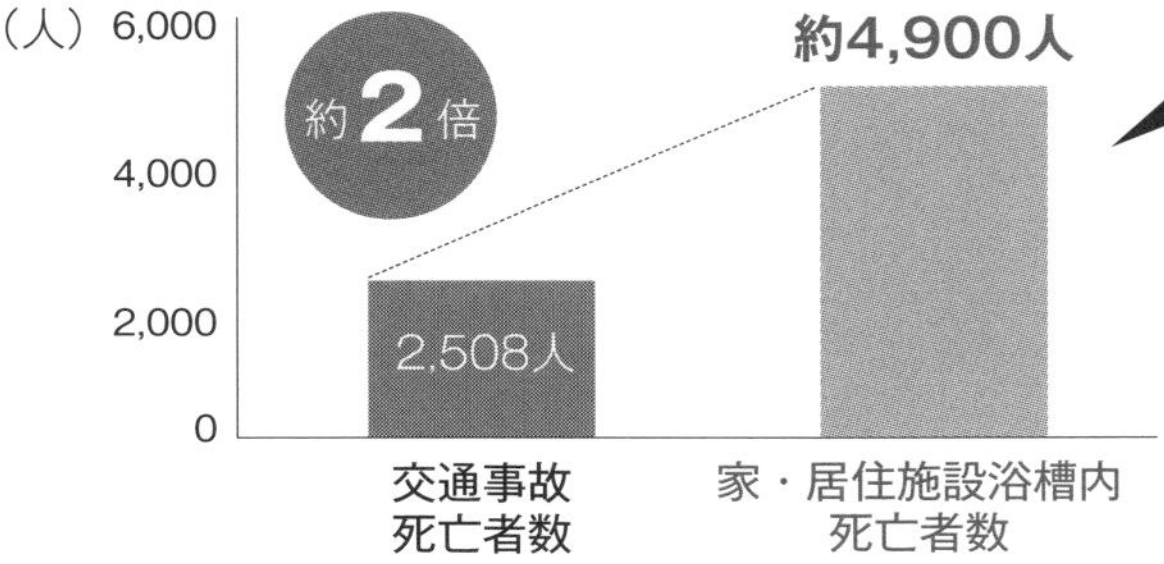


ヒートショックが大きな要因のひとつ

出典：消費者庁「冬季に多発する高齢者の入浴中の事故に御注意ください！(令和2年11月19日)」

ヒートショックとは、暖かい部屋から寒い部屋への移動などによる急激な温度変化によって、血圧が上下に大きく変動することをきっかけにして、体に負担がかかる現象のことをいいます。

## 熱中症が一番発生するのは家の中

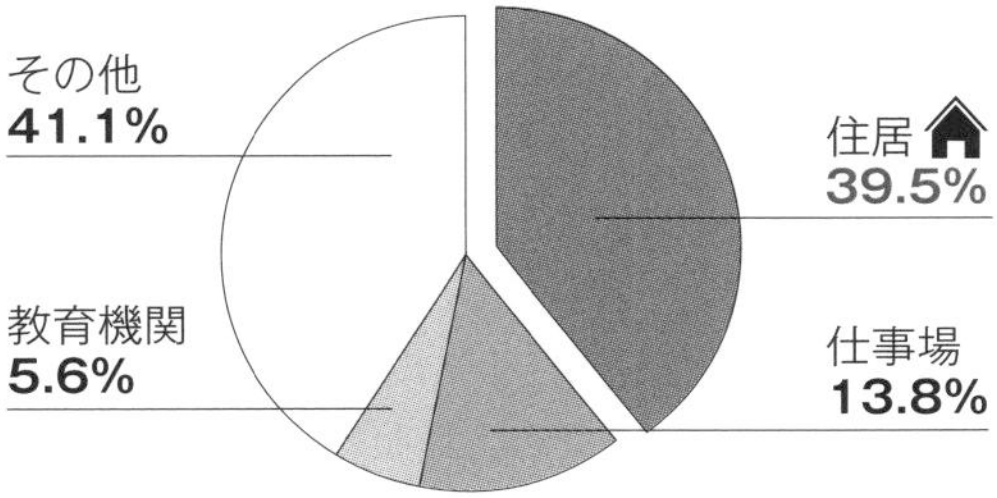


出典：消防庁「令和4年の熱中症による救急搬送状況」

STEP 22

# ハウスメーカーを絞るために施主力を向上させよう

POINT

**過渡期にある住宅業界ですが、その流れについてこられていない営業マンがいるのも事実。施主が基本をおさえておくことが重要です。**

ハウスメーカーを絞っていくには、これまで説明してきたことを踏まえ、さらに時代の流れを読み解くことが重要です。なぜなら、この業界はとにかく動きが遅いからです。もし仮に何かしらの動きがあったとしても、ハウスメーカー側は選択肢を増やすだけで、それを採用するかどうかは現場の判断に委ねることがほとんどです。

そのため、「自分が検討しているハウスメーカーは時代に対応した家づくりができているのか」「もし対応できていない部分があるなら、そのメーカーなりの対策方法は何なのか」など、これらは施主自身で把握しておく必要があるのです。

本来なら、この辺りのことは、担当営業マンがきちんと説明・提案してくれればよいのですが、そこまで考えて行動できる営業マンはごくわずかです。これは、住宅業界が今まで、営業マン個人の成績で評価をし続けてきたことによる弊害であり、とにかく売れればいいという文化が根付いてしまっているためです。そのため営業マンは、これまでに経験したことがなかったり、新たな対応が求められたりすることに関しては拒否反応を示すことが多く、結果として、時代にそぐわない提案を押し通されてしまうこともよくあります。

自分の身は自分で守るためにも、**家づくりの基本的な知識を身につけ、施主力を向上させましょう**。今後しばらく、断熱・気密性能に関して過渡期が続くことが予想されます。そのため、ハウスメーカー各社の断熱・気密性能を掘り下げて調べることで、各社の差が見えてくるはずです。

## ハウスメーカー各社の動きが遅い理由

ハウスメーカーのほとんどは

**「型式適合認定」**を取得している

### 型式適合認定とは

同一の型式で量産される住宅の建築設備や構造などについて、一定の建築基準に適合していることを、国があらかじめ審査し、認定する制度。型式適合認定を受けていれば、個々の建築確認時の審査が簡略化される。

**この制度を利用し、ハウスメーカー各社は住宅を量産、工業化住宅を成功に導いてきた**

### しかし、その一方で、「型式適合認定」は一度取得すると……

- 構造躯体を容易にアップグレードできない
- 「型式適合認定」の再取得には膨大な時間、労力、お金がかかる

**つまり、『型式適合認定』の取得は小回りが利かなくなるため、構造躯体をアップデートしにくいというデメリットが存在する**

このような背景と、国が断熱等級の制度を1999 年から2022 年にわたる23 年間も刷新しなかったということが重なり、ハウスメーカー各社の技術革新が、驚くほど進んでいないというのが現状です。

STEP 23

# 地震に強いハウスメーカーとは？

POINT

「耐震等級３」はマストです！
耐震等級３の強さがあるなら、
極論どのハウスメーカーで建てても大差はないといえます。

**地震に対する住宅の強さは**、「**どのハウスメーカーも変わらない**」というのが私の持論です。

そもそも、各社の地震に対する強さを比較するなら、すべての条件を統一した上で耐震実験を行う必要がありますが、そんなことは不可能です。

では、どう考えればよいのでしょう。私としては、耐震等級3を取ることを「目的」とし、それを達成するための「手段」として各社の商品があると考えると、整理できると考えています。

耐震等級とは、地震に対する建物の強さを表す基準です。２０１６年4月に発生した熊本地震では、本震にて震度7が2度観測されました。観測史上初となる震度7が連続で発生し、震源地付近では甚大な建物被害が発生したのですが、耐震等級3で建築された戸建て住宅は、ほぼ無被害または軽微な被害であったことが判明しています。そのため多くの専門家が、今後の大地震に備えて「耐震等級は3にするべき」と提唱しています。

以上のことから、**耐震等級3を取ることはマストといえます**。逆を言えば、**耐震等級3さえとれれば、どのハウスメーカーであっても、木造であっても鉄骨造であっても、一定以上の強度は保証**されます。

耐震等級3を取るための手段としてハウスメーカーを選ぶわけなので、耐震性においては、手段の比較はあまり意味がありません。なので、最終的には、施主が心の底からそのハウスメーカーを信頼できるかという、感情面で選択することになります。

## 地震に耐える強さを示す耐震等級のランク

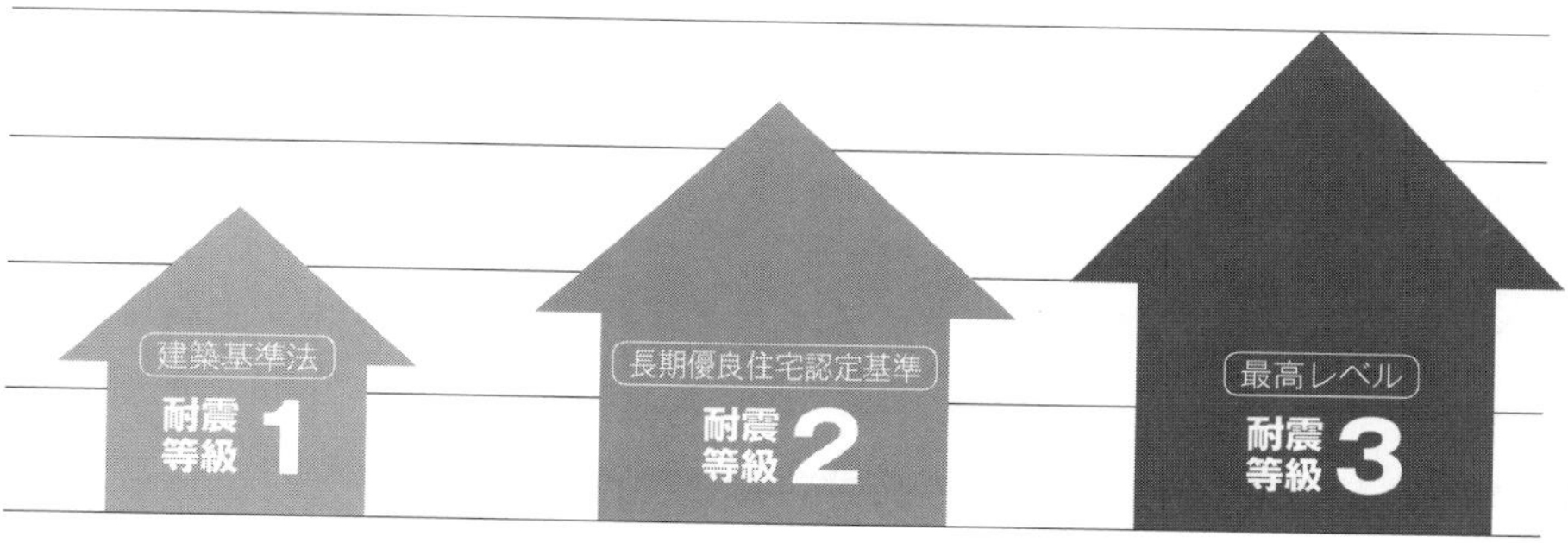


建築基準法の定める**最低限**の耐震性能。震度6強〜7の地震でも、即倒壊はしないレベル。ただし、大規模修繕や建て替えとなる可能性がある。

**耐震等級1の1.25倍**の耐震性能。震度6強〜7の地震でも、一定の補修程度で住み続けられるレベル。病院や学校、役所等の耐震性に匹敵。

**耐震等級1の1.5倍**の耐震性能。震度6強〜7の地震でも、軽い補修程度で住み続けられるレベル。消防署や警察署といった防災拠点となる建物の耐震性に匹敵。

## 熊本地震における木造住宅の建築時期別の損傷比率

| 損傷ランク | | | Ⅴ[破壊] 倒壊 | Ⅳ[破壊] 全壊 | Ⅲ[破壊] 大規模半壊 | Ⅱ[破壊] 半壊 | Ⅰ[破壊] 一部損壊 | 無被害 |
|---|---|---|---|---|---|---|---|---|
| 損傷比率 | 旧耐震基準（〜1981年6月） | | 214棟（28.2%） | 133棟（17.5%） | 373棟（49.1%） | | | 39棟（5.1%） |
| 損傷比率 | 新耐震基準 | 耐震等級 1・2 | 83棟（7.0%） | 9棟（8.2%） | 639棟（54.1%） | | | 361棟（30.5%） |
| 損傷比率 | 新耐震基準 | 耐震等級 3 | 0棟（0%） | 0棟（0%） | 0棟（0%） | 2棟（12.5%） | | 14棟（87.5%） |

出典：国土交通省「熊本地震における建築物被害の原因分析を行う委員会報告書」

家族を守り、安全に暮らし続けるためには、どのハウスメーカーであっても、木造・鉄骨造にかかわらず、耐震等級3を取得することが不可欠です。

# STEP 24 尺モジュールとメーターモジュール

POINT

**設計の基準となる寸法には「尺モジュール」と「メーターモジュール」という2種類があり、各社採用している基準寸法は異なります。**

ハウスメーカーと打ち合わせを進めていくと、必ず間取りの提案を受けます。その際、検討するハウスメーカーによって、使われている基準寸法が異なります。具体的には、「**尺モジュール**」と「**メーターモジュール**」という2つの寸法のどちらかが使われています。

尺モジュールとは、**縦横91センチの正方形のマスを1つの基本単位**として設計します。たとえば、尺モジュールで一般的な大きさのトイレをつくる場合、2マス使って空間をつくります。つまり、91センチ×182センチの空間が尺モジュールでつくる一般的なトイレの広さになります。

一方、メーターモジュールは、**縦横100センチの正方形のマスを1つの基本単位**として、家をつくります。メーターモジュールで一般的なトイレをつくる場合、尺モジュールと同様に2マス使って空間をつくるので、100センチ×200センチの空間になります。つまり、同じトイレという空間であっても、尺モジュールとメーターモジュールとでは、幅9センチ、奥行き18センチの違いが生じます。

そのほか、階段、廊下、洗面所、浴室などでも大きさに違いが出てきます。特に、階段は勾配が大きく異なり、尺モジュールの階段は急で、メーターモジュールの階段は緩やかになります。

ハウスメーカーによって、それぞれ採用している基準寸法は異なります。そのため、似たような間取りでも生活のしやすさなどが大きく異なる可能性があるので、2つの基準寸法は頭に入れておきましょう。

## 尺モジュールとメーターモジュールの比較

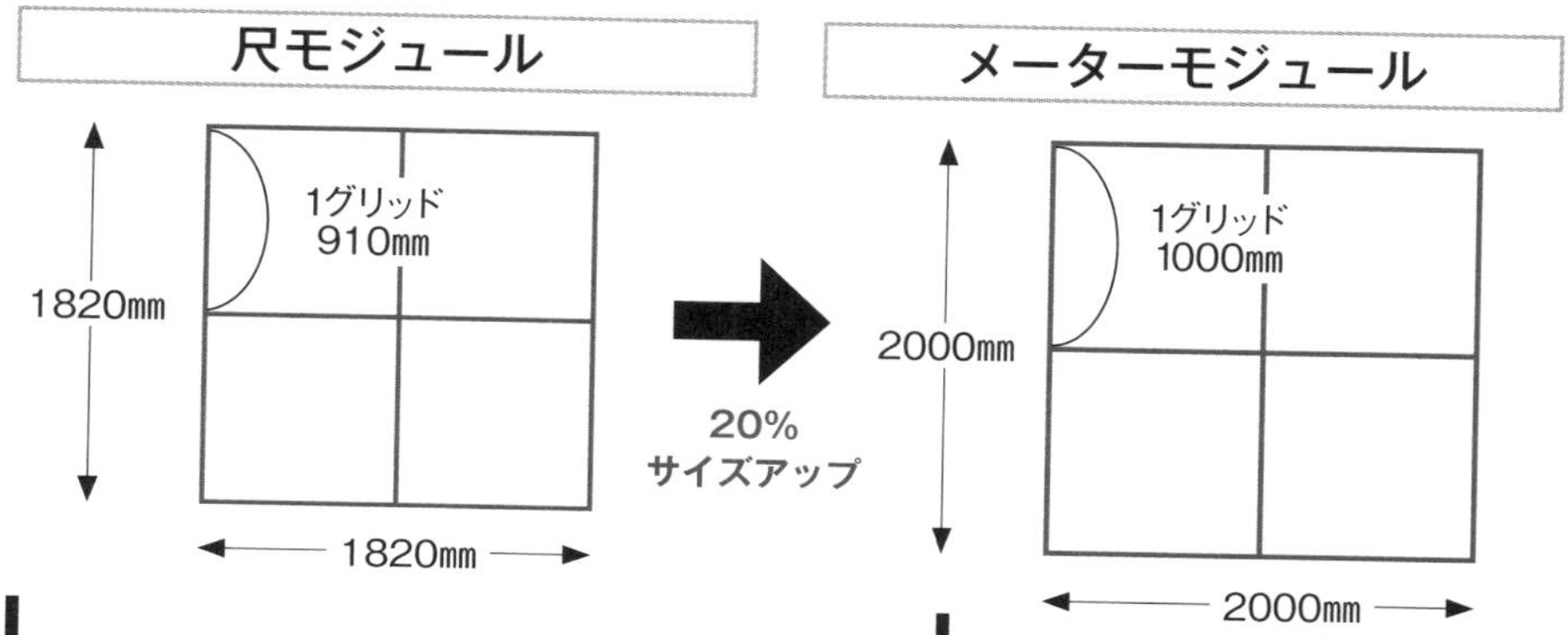


4グリッド＝3.3124㎡

4グリッド＝4㎡

### トイレ空間の比較

**【メリット】**
- 建物価格が安くなる傾向がある
- 35坪未満の建坪の場合、LDKや居室を広めに取れる

**【デメリット】**
- トイレ、浴室、廊下、洗面所などがやや狭くなる
- 階段勾配が急になる
- 車椅子が通りづらい廊下幅になる

幅9センチ、
奥行き18センチ
アップ

**【メリット】**
- トイレ、浴室、廊下、洗面所などが広くなり、ゆとりが出る
- 階段勾配が緩くなる
- 車椅子が通りやすい廊下幅になる

**【デメリット】**
- 建物価格が高くなる傾向にある
- 35坪未満の建坪の場合、LDKや居室がやや狭くなる

## 尺モジュールを採用しているハウスメーカー

住友林業、三井ホーム、ヘーベルハウス、パナソニック ホームズ、ミサワホーム、大和ハウス鉄骨造、大和ハウスビーウッド、積水ハウスノイエ　など

## メーターモジュールを採用しているハウスメーカー

積水ハウス、大和ハウス木造、トヨタホーム　など

# 住宅系SNSインフルエンサーの〝闇〟

## Column

ハウスメーカーのことをSNSなどで調べていると「優秀な担当者を紹介します」「店長確約で紹介します」「全国対応できます」などの発信をしている、いわゆる住宅系インフルエンサーを見かけることがあります。

インフルエンサーの紹介により紹介先のハウスメーカーと契約に至ると、紹介料が入る仕組みがあるからです。どのインフルエンサーも躍起になって紹介活動に力を入れているのですが、実は裏ではトラブルが多発しています。

現状、大手ハウスメーカーの本社公認で、正式に紹介活動を許されているのは、リクルートが運営するスーモカウンターと私が運営するメグリエなど、ごくわずかです。それ以外のサービスやインフルエンサーの紹介活動は、各社の支店判断によるもので、本社公認とはいえません。

ハウスメーカー各社は、地域の不動産業者から紹介を受ける場合などを踏まえ、業者提携に関する最低限の裁量を支店単位で与えています。ただ、支店単位での業務提携はハードルが低く、どんな会社でも提携できてしまいます。

この仕組みを利用して、インフルエンサーは提携している支店に在籍している営業マンを起点として、全国に紹介を出しています。

ただ、このスキームはグレー寄りの黒であり、現場でさまざまなトラブルが起きています。そのため、大手ハウスメーカー各社は、インフルエンサーからの紹介を禁止し始めています。また、優秀な営業マンほどアンテナが高いため、インフルエンサーには関わらないようにもなってきています。

# Chapter 4
# コンセプトを決める

STEP 25

# 間取りから考えてはいけない理由

POINT

**間取りの工夫は１つの手段でしかありません。「間取り迷子」にならないように、その間取りの本来の目的を突き詰めてみましょう。**

これから注文住宅を建てようと考えている方によくありがちなこととして、「間取りから考えてしまう」ということがあります。

最近では、ＳＮＳなどで簡単に日本全国の住宅を見ることができるようになりました。そのため、色々な間取りに対して憧れを抱くのも共感できます。

ただし、**間取りから考えてしまうと「間取り迷子」になってしまう**可能性が高く、いつになってもしっくりくる間取りが完成しないという状況になりがちです。

なぜかというと、手段が目的となり、パズル合わせのような間取りづくりにしかならなくなるからです。たとえば「リビングが20畳欲しい」「回遊動線にしたい」「パントリーが欲しい」などは、注文住宅を建てる多くの方が口にする要望です。

ただし、これらの要望は**「手段」でしかありません**。自分たちがそれらを欲する何かしらの背景があるはずなのです。その**背景の課題を解決することこそが本来の目的**であり、それを解決するための手段として「20畳のリビング」「回遊動線」「パントリー」などが存在するわけです。

ネットを参考にして、問題を解決する手段の引き出しを増やすこと自体はよいことだと思います。ただ、手段のみを積み重ねてしまうと、せっかくの注文住宅なのに、よくある建売住宅のような間取りになってしまうこともよくあります。

間取り迷子になって後で後悔しないようにするためにも、ネットの情報は「一つの引き出しにする」という程度にとどめるとよいと思います。

## 実現したい間取りの目的を明確にしよう

### よくある要望として……

リビングは20畳がいい！

回遊動線にしたい！

パントリーが欲しい！

**これらは一つの「手段」でしかなく、それぞれの目的を突き詰め、さまざまな方法を検討する**

↓

**【要望】リビングは20畳がいい！**
**【課題】今住んでいるリビングが狭い**
**【目的】リビングを広くしたい**

**●視覚的に広く見せる方法**

・ハイドアを採用する
・室内に多少の高低差を設けてメリハリを付ける
・フローリングの素材を切り替える
・ウッドデッキもしくはタイルデッキと室内床を繋げる

**●空間を広く見せる方法**

・リビングに収納を設けてスッキリさせる
・天井高を高くする
・横に長く大きな開口（窓）を設ける

**【要望】回遊動線にしたい！**
**【課題】共働きで忙しい**
**【目的】家事を楽にしたい**

・脱衣所をつくる
・室内洗濯スペースをつくる
・アイロンがけなどの作業スペースをつくる
・ファミリークローゼットをつくる
　→洗う、干す、畳む、しまうを意識した間取りで作業効率アップ
・全館空調などの空調の吹き出し口を洗濯スペース上部に設置する
　→洗濯物の乾きがよくなる
・食洗機の導入
・IHクッキングヒーターの採用
　→ガスコンロ掃除の手間を省く

**【要望】パントリーが欲しい**
**【課題】散らかっているのが嫌い**
**【目的】常にスッキリとした空間をつくりたい**

・なるべく視界に入らない位置に収納空間をつくる
・収納に目隠しとなるような扉を付ける
・キッチン前収納を採用する
・掃除機を目立たない位置に置くようにする

STEP 26

# 家づくりの基準は実家!?

POINT

**夫婦で意見がぶつかったときは、それぞれの実家をイメージして、何を基準に判断しているのか、目線合わせをしましょう。**

　家づくりを進めていくうちに、夫婦で意見が合わないということがあります。たとえば、床材の色味や素材感、照明の明るさなどは、個人で感じ方が異なるため、特に意見がぶつかりがちなポイントです。

　せっかく一生に一度の大きな買い物なのですから、険悪な状態で家づくりをしたくはないはずです。そんなときに覚えておいてほしいポイントが、**お互いの実家をイメージする**ということです。

　家づくりを行う際、ほとんどの方が、**無意識に自分が今まで住んできた場所、特に実家を基準として考えています**。たとえば、幼少期の頃から、南側の立地で日当たりの良い環境で過ごしてきた方は、家が暗くなることにかなりの抵抗感をもたれる印象があります。

　一方、北側の立地に住んできた方や、都内などの狭小地に住んできた方は、ある程度の明るささえ確保できれば良いと考えていることがあります。そのほかにも、実家や今まで住んできた場所が暗めの床材だった方は、汚れが目立つなどの理由で明るめの床材を選ぶことに抵抗があったり、逆に実家や今まで住んできた場所が明るめの床材だった方は、暗めの床材にすると室内の雰囲気が暗くなるというイメージから、暗めの床材を選ぶことに抵抗があったりする傾向があります。

　このように、夫婦それぞれが基準としているものが違うため、まずは**どんなことを思い浮かべて、何をベースに好き嫌いを判断しているのか、この部分の目線合わせをすることを**おすすめします。

## 夫婦で意見が割れたら、自分たちの実家をイメージしてみよう

### 家づくりを進める中で、夫婦で意見が合わないことも……

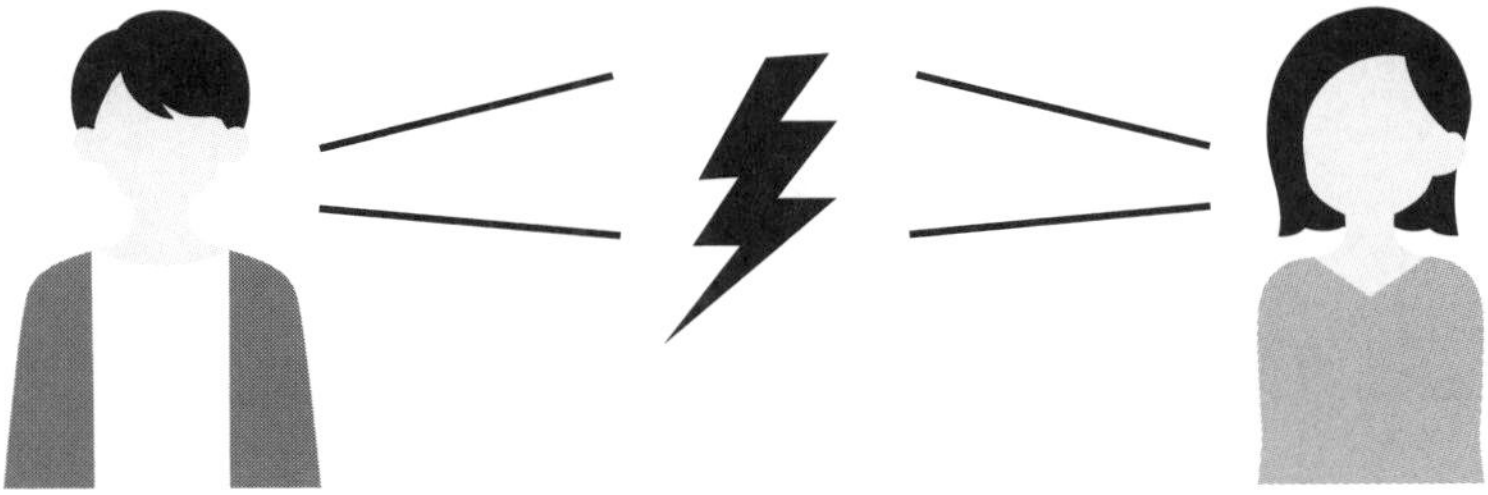

**夫婦それぞれの実家を思い浮かべることで、何を基準として判断しているのかが見えてくる**

**夫の実家**

・土地30坪
・都心部北側立地
・床材はダーク系

**妻の実家**

・土地40坪
・南側立地
・床材は中間色の肌色系

このように、それぞれの実家の特徴を書き出してみると……

・40坪以下の土地を購入する場合、間取りで広く見える工夫などが必要
・南側立地の土地でなくても、日当たりのよさそうな土地の購入を検討する
・床材を暗くするなら、その分、大きめの開口を設けて明るい家にする
**などの折衷案が見えてくる！**

夫婦どちらかの実家がマンションだった場合、立地に対するこだわりが非常に強くなり、駅近の土地を選ぶ傾向があります。

Check!

STEP 27

# ライフスタイルを振り返り、理想の生活を考えよう

POINT

**家族にとってオンリーワンな注文住宅をつくるために、ライフスタイルを振り返り、理想について確認しておきましょう。**

建物の内装など、見た目の好み以外にも、夫婦それぞれでライフスタイルは異なります。そのため、**過去、現在、そして理想とするライフスタイルについても、目線合わせをしておく必要があります**。そして、これをすることで、実は注文住宅の本質も浮かび上がってくるようになります。

**注文住宅の本質は、そこに住む家族のみが満足して使える住宅をつくること**です。誰もが使える当たり障りのない万人受けする家ならば、注文住宅の意味はあまりありません。万人受けするような家にしたいなら、ある程度建物の外観や内装の仕様が決まっている規格住宅や、もしくはマンションを選んだ方が良いでしょう。

そうではなく、そこに暮らす自分たち家族にとってのオンリーワンの住宅をつくるというのが、注文住宅の本質です。そのためには、家族のライフスタイルの振り返り作業が欠かせません。

たとえば、それぞれ幼少期はどのように過ごしてきたのか。比較的、家の中で過ごしているタイプだったのか。それとも、外にいることが多く、家の中ではあまり過ごしていなかったのか。

また、子どもには自分たちと同じような生活をしてほしいのか。あるいは、まったく別の道を歩んでほしいのか。これらについて夫婦それぞれが本音の意見を出し合うことで、家族にとっての理想のライフスタイルが見えてくるようになります。

それと同時に、注文住宅らしい注文住宅を建てるための第一歩を踏み出せるようにもなるわけです。

## 理想のライフスタイルについて目線合わせをしよう

**夫**

| 【子ども時代】 | 【現在】 |
|---|---|
| ・外で遊ぶことが多く、あまり家にいなかった<br>・家にいるときは、自室にいることが多かった | ・出張が多く、家にいる時間が少ない<br>・休日のみ家にいて、その際に家族と外出する |

**妻**

| 【子ども時代】 | 【現在】 |
|---|---|
| ・室内で遊ぶことが多く、家にいるのが好きだった<br>・自室にこもるより、リビングで家族と過ごす時間が多かった | ・子育て中心で、日中は子どもと過ごすことが多い<br>・平日はそこまで出かけることはなく、休日に家族で出かける |

↓ 上のようなライフスタイルだった場合……

**夫には、帰宅後に休息できる場所、癒されるような場所をつくってあげた方がよさそう**

夫
- 庭から見える自然や景色を室内に取り入れる工夫をする
- 間接照明により、落ち着ける空間を提案する
- 寝室にホテルのようなリラックスできる空間をつくる

**妻には、家にいる時間が長いため、リビングを居心地の良い空間にしてあげた方がよさそう**

妻
- 窓際にベンチとなる場所を設けたり、ピットリビングをつくったりする
- 床の素材にこだわる
- リビングが常にスッキリするような収納にする

↓

**夫婦それぞれのライフスタイルから掘り下げることで、**
**自分たち家族がこだわるべきポイントが見えてくる**

優秀な設計士ほど、この手のヒアリングが上手です。引き出しも多いため、色々な＋αの提案をしてくれるでしょう。ただ、どのハウスメーカーもそういった敏腕の設計士ばかりではないため、ある程度は自分たちで考えておくことをおすすめします。

STEP 28

# 家づくりのコンセプトを決めよう

POINT

**一言で表現できる家の「コンセプト」を決めることで、自分たちが理想とする家づくりの方向性が、より明確になります。**

夫婦それぞれの建物に対する好みや、幼少期から現在に至るまでのライフスタイルの目線合わせについて説明してきましたが、仕上げとして、それらを**一言でまとめた「コンセプト」**を決めましょう。そうすることで、自分たちにとっての家づくりの方向性が、より一層明確になります。

たとえば、私が関わった案件で「**ゴロゴロ、ダラダラできる家**」というコンセプトの家があります。これは、3人家族で共働きの家庭であるということ、夫婦ともに読書が共通の趣味であるということから、このようなコンセプトで家づくりを進めました。家中の至る所に、居場所を設けてあるのがポイントです。

具体的には、メインの開口部付近に縁側のようなスペースを設け、日に当たりながら庭を眺めてボーっとしつつ、読書ができる空間構成としました。住宅業界には「窓際には居心地の良さが宿る」という言葉もあるくらいですから、窓際に居場所をつくるという視点は、多くの方に真似してもらいたいポイントでもあります。

また、縁側とLDKを隔てる段差は腰掛けスペースとしても使用でき、空間にメリハリも与えてくれます。LDKにこもっているような感覚にもなるので、クッションを持ってきて、好きな場所で自由にゴロゴロ、ダラダラできます。

建物に対する見た目の好みや、幼少期から現在に至るまでのライフスタイルなどから、一言で表せるコンセプトを決めることで、自分たち家族にとってのオンリーワンの家にグッと近づくでしょう。

## まかろにおが携わった「ゴロゴロ、ダラダラできる家」がコンセプトの家

右／1階玄関部分。縁側のような場所を設けて、日に当たりながら読書できるような空間になっている。
左上・左下／1階リビング。至る所に居場所を設け、好きな場所でくつろげる。

### 1階の間取り図

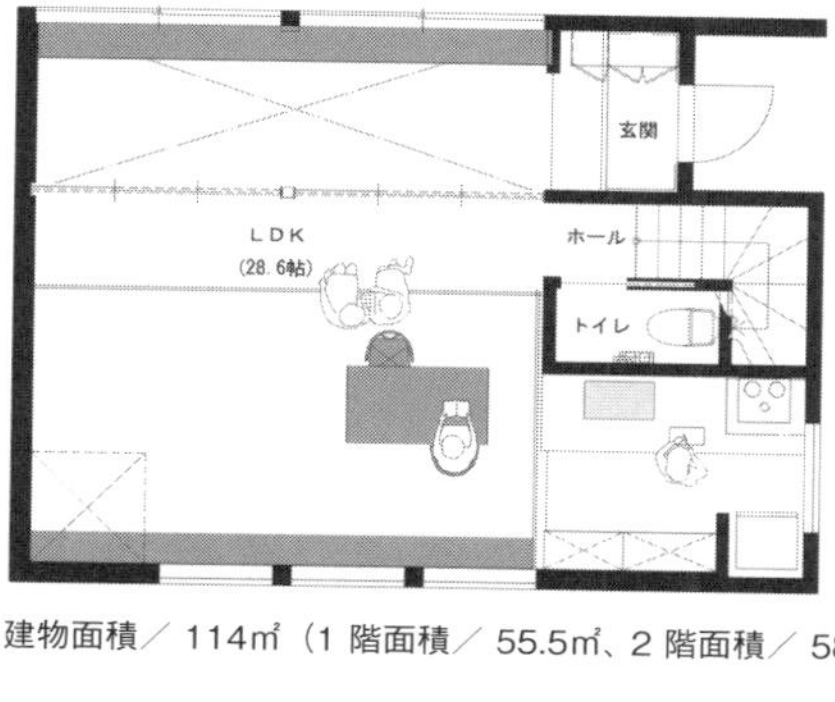


### 2階の間取り図

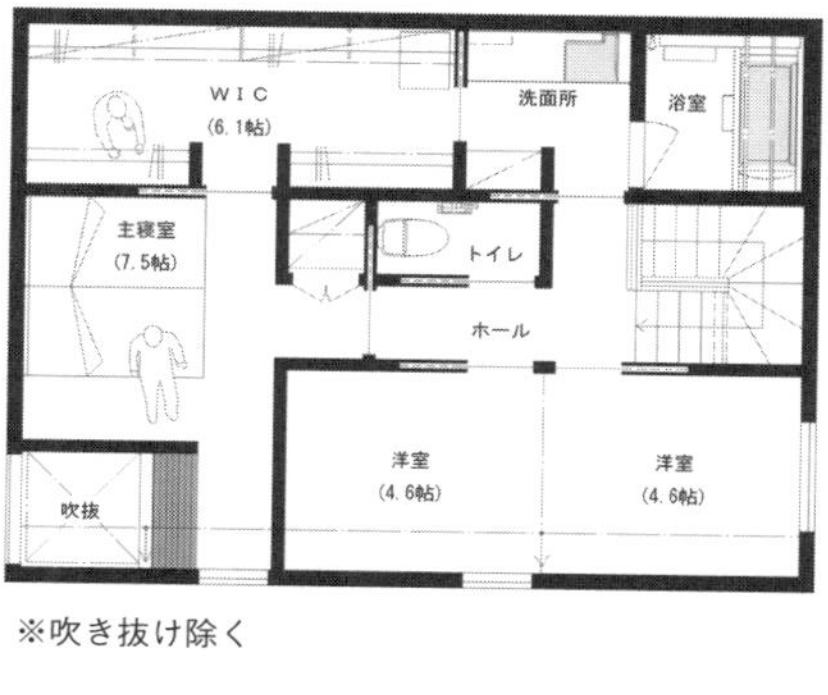


建物面積／114㎡（1階面積／55.5㎡、2階面積／58.5㎡）※吹き抜け除く

> 間取りだけ見ると簡単に真似できるように思えますが、「建物の性能面の配慮」「空調デザイン」「金額の調整」「建物の細かい部分の調整」など、これらを完璧に整えるには、担当営業マンと担当設計士がともにレベルが高い必要があります。

STEP 29

# 自分たちの好みを把握しよう

POINT

**内装デザインのトレンドを5つご紹介します。写真を見ながら、家族それぞれがどれが好みか、ぜひ話し合ってみてください。**

SNSなどを見れば、ここ最近の内装デザインのトレンドはある程度つかめるはずです。ただし、一から好みを探るとなると非常に時間がかかると思いますので、ここでは、現在流行っている内装デザインを5つご紹介します。

1つ目は、**白を基調として、モノトーンで内装をまとめたデザイン**です。清潔感にあふれたスッキリとしたデザインになるのが特徴です。

2つ目は、**ベージュ系の色を基調としたデザイン**です。北欧系のデザインとして、SNSを中心に人気です。

3つ目は、**光と影を強調したジャパニーズモダン**です。「暗がりの中に美しさがある」という日本人ならではの感性を活かしたデザインです。開口部を絞って光の入れ具合を調整するため、設計士のレベルが高くないと、ただただ暗いだけの空間になってしまいます。うまく設計できれば、非常に美しい空間をつくることができます。

4つ目は、**木質感が強調されているデザイン**です。天井や床材に木材を使うことによって、重厚感と高級感のある温かみを感じることができます。

5つ目は、**一流ホテルのようなラグジュアリーさを感じられるデザイン**です。木材をあまり使わず、石のような無機質な素材をメインで使用します。

これら5つが今、SNSを中心にトレンドとなっているデザインです。これらの好みは、ロジカルに考えるものではなく、感覚的なものでしょう。家族でどれが好みか、ぜひ話し合ってみてください。

## さまざまな内装デザイン

①白を基調としてモノトーンで内装をまとめたデザイン

②ベージュ系の色を基調としたデザイン

③光と影を強調したジャパニーズモダン

④木質感が強調されているデザイン

⑤一流ホテルのようなラグジュアリーさを感じられる格式あるデザイン

皆さんは、どのタイプの家がお好みですか？　ちなみに、これらはすべて、私が運営しているメグリエを通じて、営業マンや設計士を紹介した結果、完成した家です。

Column

## 標準仕様の誤解

注文住宅という商材には、本来、標準仕様もオプション仕様も存在しません。何でもありなのが注文住宅の本質だからです。標準仕様やオプション仕様が明確に決まっているのなら、それは規格住宅という扱いになります。

ただし、それだとわかりにくいので、ハウスメーカーによっては標準仕様やオプション仕様を決めて運用している企業もあります。

たとえば、住友林業は大手ハウスメーカーの中で唯一、標準仕様とオプション仕様を明確に分けているメーカーです。これは珍しい部類で、どのハウスメーカーにも標準仕様とオプション仕様が存在すると思っていると、混乱してしまうので注意が必要です。

また、中堅・ローコスト系のハウスメーカーになればなるほど、標準仕様とオプション仕様という概念が強まる傾向があります。

標準仕様とオプション仕様を明確に定めて施主の選択肢を狭めることで、契約後の打ち合わせ期間を短縮することができるからです。「質より量」を求めるメーカーほど、打ち合わせの短縮は利益を最大化する一つの手段になります。

このような環境だと、基本的に決められた枠の中での家づくりしかできません。価格の低いハウスメーカーを選んで、浮いた分の費用を使ってカスタマイズをしようとされる人がいますが、「できない」と言われてしまうことも少なくありません。

Chapter 5

# 担当営業マンを見極める

STEP 30

# 担当営業の重要性を認識しよう

POINT

**家づくり成功のカギを握るのは、担当の営業マンです！　営業マンのレベルによって、家の性能や金額など、すべてが左右されます。**

**家づくり成功のカギを握っているのは、担当の営業マンと言っても過言ではありません。**注文住宅による家づくりは、担当営業によって家の性能と金額が決まり、担当設計士によって家の出来が決まり、担当工務によって家の質が決まります。そして、最初の窓口となる営業マンによって、担当設計士と担当工務が決まるので、**担当営業のレベルによって、結果的にすべて左右される**のです。

「担当営業によって家の性能が決まる」というのは、主に断熱・気密性能に関することです。大手ハウスメーカー各社は、断熱仕様の選択肢を増やすものの、一つに絞ることはあまりしません。その結果、現場の営業担当者任せになっているというのが実情です。そのため、リテラシーの低い営業マンに当たってしまうと、夏は暑くて冬は寒い、光熱費がかかる家になってしまう可能性が高まります。気密性能に関しても同様で、積極的に取り組んでいる営業マンとそうでない営業マンがいます。

金額面に関しても、担当営業マンが社外にどれだけ顔が利くか、または、どれだけ施主のことを真剣に考えて配慮できるかどうかで異なってきます。実際、私も営業マン時代、一部のキッチンメーカーから特別に値引きをしてもらっていました。

このようなことは私に限ったことではなく、信頼と実績のある営業マンなら、誰でもあり得ることです。一方、信頼も実績もない営業マンは顔が利きません。そうなると、価格調整の協力を得られず、結果的に施主側が損をすることになります。

## 最初の窓口となる営業担当者の重要性

### ハウスメーカーによる家づくりは、下記のような分業制で業務を行う

すべての窓口となる担当営業の良し悪しで巻き込めるメンバーが変わるため、結果的に、「家の出来」と「家の質」も大きく左右される

## 会社選びの決め手の第1位は「担当者との相性」

| 家を建てる会社を選ぶ決め手になったこと（複数回答可） | 回答者の割合 |
|---|---|
| 担当者との相性 | 41.4% |
| 住宅性能（高気密・高断熱、省エネなど） | 39.7% |
| 希望の間取り・デザインをかなえる設計 | 31.9% |
| 提案内容と見積価格のバランス | 29.9% |
| アフターサービス・保証 | 27.1% |
| 建築工法・構造（木造軸組工法、2 × 4 工法、RC 造など） | 23.9% |
| 柔軟な対応 | 22.9% |
| 価格の安さ | 19.1% |
| 過去の建築事例 | 18.9% |
| 口コミ・評判 | 17.5% |

4割以上が営業担当者との相性を重視しており、注文住宅建築における営業担当者の重要性がわかる

出典：株式会社LIFULL調査（2022年10月発表、過去3年以内に注文住宅を建てた500人が対象）

これほど重要性が高いにもかかわらず、担当営業を自ら選ぶことができず、運に任せて自らの担当を決めることになってしまうため、私はこれを「担当ガチャ」と呼んでいます。

STEP 31

# 住宅展示場には行くな！　その理由

POINT

「とりあえず住宅展示場に行ってみよう」は危険です！　何気なく記入したアンケートをきっかけに、担当営業が決まってしまいます。

これから家づくりをする多くの方が、「とりあえず住宅展示場に行ってみよう」と考えるでしょう。

ただし、それには大きなリスクがあることを知っておく必要があります。そのリスクとは、**担当営業マンが固定されてしまう**ということです。

実は、**優秀な営業マンほど展示場には待機しておらず**、オンラインで打ち合わせを済ませています（展示場には、コピー機を使いに寄る程度になっているというのが実情です）。

そのため、展示場には、基本的には若手か、あるいは手の空いている営業マンしか待機していません。また、展示場に行くと必ず、アンケートという名目で個人情報の記載を求められますが、これに**個人情報を記載すると、そのとき目の前にいる営業マンが自分の担当営業**になります。

ハウスメーカーによっては、最初にアドバイザーと呼ばれるスタッフが接客し、アンケートの記載を促した後、隣室で控えている住宅営業マンにバトンタッチするという方式を取っているところもあります。

いずれにせよ、一度でもアンケートに個人情報を記載してしまうと、担当営業マンが決まってしまうということです。「改めて違う展示場に行けば、別の営業マンを担当にできるのでは？」と思われる方もいるかもしれませんが、あまり期待はできません。一度でもハウスメーカー側に個人情報を渡してしまうと、データベースに登録され、最初に接客を受けた営業マンから逃れることは難しくなります。

## 住宅展示場の知られざる実態

### 優秀な営業マンは住宅展示場に（ほとんど）いない！

**展示場にいるのは……**

・手の空いている営業マン
・経験の浅い若手 など

**優秀な営業マンほど……**

・客を多数抱えており、展示場で売り込む必要がない
・商談もオンラインで済ませる

### アンケートを書いたら、その人が自分の担当者に！

| | |
|---|---|
| アドバイザー | 「こんにちは～。こちらのアンケートにご記入をお願いします～」 |
| 客 | 「は～い」（よくわかっていない）<br>（アドバイザーが控室の営業マンにバトンタッチ） |
| 営業マン | 「今日はありがとうございます」（名刺を差し出す） |

**その流れで担当営業マンが決まってしまう！**

もし住宅展示場に行ったとしても、アンケート記入は慎重に。仮にアンケートに記入する場合は、「この人が担当だったらうれしいな」と思った時点でアンケートに記入するか、もしくは名刺だけもらっておいて後で電話するなど、そういった対応がおすすめです。

STEP 32

# 住宅展示場に行かなくても担当者が決まってしまう？

POINT

住宅展示場に直接行っていなくても、資料請求などで個人情報を渡してしまった時点で、担当営業がついてしまう場合があります。

住宅展示場に行かなくても、**担当者が決まってしまう場合**があります。具体的には、ネットを使ったカタログなどの**資料請求**、展示場の**来場予約**、見学会などの**イベントへの参加**、主にこれら3つです。

簡単にいうと、ハウスメーカー側に何らかの形で個人情報を渡してしまうと、その時点で担当者が付いてしまうということです。中には「そのハウスメーカーと商談になっていないため、担当者はまだ決まっていない」もしくは「最初に行った展示場とは違うエリアにある展示場に行けば別の方が担当になってくれる」と思われている方もいますが、住宅業界は基本的に、個人営業成績で評価される業界です。

そのため、見込み客を手放すということは営業マンにとっては死活問題であり、素直に担当替えに応じてくれる営業マンは少ないというのが実情です。もし、**担当替えに応じてくれたとしても、安心はできません**。担当替えは、原則として同じ支店内で行われます。担当替えになったとしても、最終的にその営業担当者が所属している組織の成績に反映されれば良いという考えがあるからです。つまり、組織を飛び越えた担当替えは非常に難しいのです。

また、担当替えで上司が出てきたとしても、裏で実務をこなしているのは、もともとの営業担当だったり、若手であったりする場合も多くあります。そのため、結局のところ、提案される内容のクオリティに大きな変化はありません。以上のことから、一度、担当営業が付いてしまうと厄介なので、最初から注意が必要なのです。

## 住宅展示場に行かなくても、担当者が決まってしまう行動

①カタログなどの資料請求

②住宅展示場の来場予約

③住宅見学会などのイベント予約・参加

↓

**何らかの形で個人情報を渡した時点で
営業担当者が付いてしまう！**

### 一度担当者がついてしまうと

・個人営業成績が重視されるので、簡単に担当を替えてはもらえない
・仮に応じてもらえても、支店の他の営業マンに代わるだけのパターンが多い
・担当が上司に代わっても、実務は元の営業マンや若手がこなしていることもある

資料請求する場合、年収や勤務先、勤続年数などの入力を求められることが多いです。それらの情報は本社が集約し、資料請求した人の住所に近い支店に振られます。そして、その支店の中で勝手に担当者が決まり、その後はずっとその営業マンが担当になります。

STEP 33

# ネットにあふれる「紹介」は活用するべき？

POINT

**住宅系インフルエンサーなどの紹介サービスを利用する場合は、その人物が本当に信頼できるのか、慎重に判断しましょう。**

最近は、SNSの至るところで、住宅系インフルエンサーが紹介活動を展開しています。それらを活用すれば、最短で優秀な営業マンを紹介してもらえそうな気もしますが、サービスを活用する場合は、そのインフルエンサーが**本当に信頼できる人なのか、過去に紹介してもらった人はどんな家を建てることができたのか**、これらのことを確認したうえで、慎重に判断するようにしてください。

70ページ「住宅系SNSインフルエンサーの〝闇〟」でも触れましたが、紹介料欲しさに、口コミを偽造する人、優秀な営業マンを紹介すると言いつつ、社内で有名でもない営業マンを紹介する人、禁則事項を破って裏でこっそり紹介を出す人など、界隈はほとんど無法地帯と化しています。

だからこそ、住宅系インフルエンサーの紹介を受けるなら、その人の活動にきちんとした「透明性があるか」の確認が重要です。たとえば「なぜ紹介活動をやろうと思ったのか」「紹介活動の前後で何が変わったのか」「紹介活動を開始した当初と比較して活動内容に進捗はあるのか」など、これらのことは最低限、確認するポイントになります。単なるお金目的ではなく、本当の意味で良い家づくりをしていきたいと思っているのなら、活動と発言の内容が一致しているはずです。

少しでも住宅系インフルエンサーの発言と行動に**違和感を抱くようなら、紹介サービスは使わない方が無難**でしょう。知らず知らずのうちに、トラブルに巻き込まれてしまう可能性が高いです。

## 注意！ 住宅系インフルエンサーが儲かる仕組み

（YouTuber 、インスタグラマー、ブロガーなど）

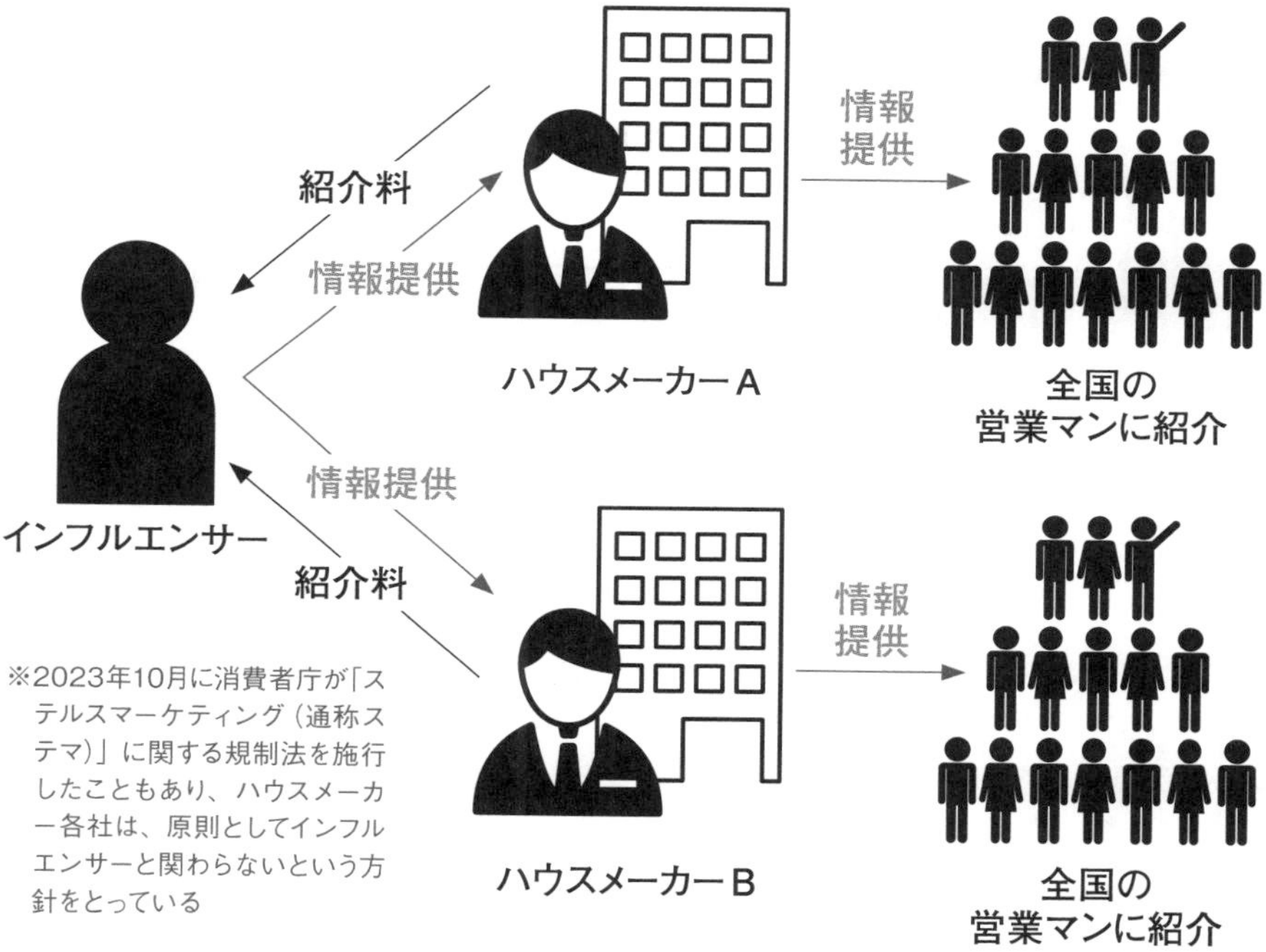


※2023年10月に消費者庁が「ステルスマーケティング（通称ステマ）」に関する規制法を施行したこともあり、ハウスメーカー各社は、原則としてインフルエンサーと関わらないという方針をとっている

①とにかく幅広く、たくさんのハウスメーカーを紹介することで、紹介料をもらえる確率を高くする。

②提携支店に在籍している知り合いの営業担当を起点として、全国の支店に紹介。ただ、全国の営業担当と面識があるわけではないので、とりあえず肩書のある人に紹介を出す。

③しかし、さまざまなトラブルが頻出していることから、本当に優秀な営業マンほど、インフルエンサーからの紹介案件を敬遠しがち。そのため、若手や実績を出せていない営業マンが担当になるケースが多発している。

SNS 上が無法地帯のため、一部のインフルエンサーには、首輪を付ける目的でハウスメーカーが提携契約を結んでいる場合があります。しかし、インフルエンサーがそれを「公認」と称し、集客していることも……。**私も含め、ハウスメーカー「公認」インフルエンサーは存在しません！** ネット上では各ハウスメーカーのロゴを無断で掲載し、あたかも公認であるかのように集客活動をしている人もいるので、注意しましょう。

STEP 34

# 担当営業マンを見極める①
## 過去の営業実績

POINT

**営業マンの見極める指標の1つが、過去の実績です。実績を「過去の栄光」とせず、勉強を怠らない人物かどうか、見極めましょう。**

紹介サービスを利用せず、自分で営業マンを見つける場合や、すでに何かしらの方法でハウスメーカーと接触してしまった方は、自分で良い営業マンを見極めるしかありません。そこで、営業マンを見極める指標をいくつかご紹介します。

まず確認してほしいのは、その営業マンの**過去の営業実績**です。やはり、ある程度の経験値を積んでいないと臨機応変に対応できませんし、社内外でうまく立ち回ることもできません。特に、社内でうまく立ち回れるかどうかで、巻き込める設計士のレベルが変わります。また、社外での立ち回り次第で、**金額を多少安くすることも可能**になります。そのため、まずはその営業マンが**過去に何件成約をしたことがあるのか**、これは必ずきいておきましょう。

ただし、注意点が2つあります。1つ目は、過去の営業実績が良くても、必ずしも優秀とは限らないということです。時代は移り変わります。過去にたくさんの家づくりに携わっていても、日々新しいことを柔軟に学び、アウトプットし続けていなければ、過去の栄光にすがるだけの営業マンになってしまいます。

2つ目の注意点は、肩書きがあるからといって優秀とは限らないという点です。どの業界・会社でもそうですが、社内政治でうまく出世していくタイプの人は数多くいます。そういう人は家づくりに対して特にこだわりはなく、売れれば良いと考えていることが多い場合があります。これらのことに注意しつつ、過去の実績を、営業マンを見極める一つの指標としましょう。

## 担当営業を見極めるポイント　① 過去の営業実績

# 自分の担当営業が過去何件成約したのかを確認してみよう

・ある程度実績を積んでいないと、社内外で臨機応変に対応できない
・巻き込む設計士などのレベルも左右される
・実績がない営業マンだと、金額の融通も利かない

↓ しかし！

・**実績はあっても、過去の栄光にすがっているだけの営業はNG**
　→最新の住宅事情に疎く、知識をアップデートできていないと厳しい
・**肩書はあっても、家づくりに対するこだわりや思い入れが薄いとNG**
　→社内政治でうまく出世しただけの可能性も……

実績があるかどうかは、その営業マンが優秀かどうかを測る重要な客観的指標ではありますが、実績のある営業マンでも、自分の過去の経験や知識ばかりを話し、客をきちんとを見てくれない営業マンは危険です。真摯にヒアリングしてくれたうえで、過去の経験や知識という「引き出し」をうまく使う営業マンかどうか見極めましょう。

STEP 35

# 担当営業マンを見極める②
# 案内できる物件があるかどうか

POINT

**営業マンが過去に担当した施主と信頼関係が結べていれば、入居中の自宅を見学させてくれる可能性が高いでしょう。**

営業マンを見極める指標の2つ目が、案内できる物件があるかどうかです。**その営業マンが、今までに契約した施主の自宅を案内できるかどうか**、ということです。

施主にとって、完成した自宅が満足のいく内容になっていて、なおかつ担当営業マンに感謝している状態でない限り、入居中の自宅を見学させてくれることはありません。そのため、これまで適当な家づくりをしてきた営業マンは、まったくと言って良いほど、今まで契約した施主の自宅を案内することができないのです。

そのような営業マンが担当になると、建売現場か、あるいは別の営業マンが担当した物件を見に行くことになります。一方、**優秀な営業マンほど、自分が契約した施主の自宅を案内する場合が多い**です。そうすることで、営業マンではなく、そこに住む施主自身が自宅の魅力を語り、こだわった部分などを説明してくれるので、説得力も増します。私は今まで全国各地の住宅営業マンと交流してきましたが、これはどのハウスメーカーでも共通しています。ですので、担当営業マンに「今までご自身が契約した物件で見学できる場所はありますか」と、きいてみると良いでしょう。

また、実例宅の見学は、その営業マンと今後の打ち合わせをしていく際の**共通言語**にもなります。たとえば、間取りの広さに関して、畳数で説明されてもいまいちピンとこないと思いますが、実例宅をいくつか見学していれば「あのとき見学した○○さんの家と同じ広さ」といった具合で営業マンとコミュニケーションが取れます。

## 担当営業を見極めるポイント　② 案内できる物件があるかどうか

**自分の担当営業に「今までご自身が契約した物件で見学できる家はありますか？」と確認してみよう**

YES

### 案内できるということは……

- 施主が営業に感謝しており、信頼関係が築けている
- 施主が心から満足した家になっていないと、入居中の自宅を見学させてはくれない

営業マンではなく、過去に担当した施主が自ら自宅の魅力を語ってくれる

NO

### 案内できないということは……

- これまで担当した施主と良好な関係を築けていない
- 適当な家づくりをしてきた営業マンは、自宅を見学させてもらえない

案内できる物件がないので、建売現場か別の営業マンの担当物件を見学することに

実際に家を建てた施主の話は、本音ベースなので説得力がありますよね。引渡しの後もきちんと営業マンが誠実に対応しているからこそ、こういった見学が実現できるのです。この質問は、営業マンのこれまでの実績（契約）の「量」だけでなく、きめ細やかな対応をしているかという「質」も測ることに繋がるので、ぜひ確認したいところです。

STEP 36

# 担当営業マンを見極める③ 話に根拠があるかどうか

POINT

**明確な根拠もないまま「大丈夫です」「問題ありません」「十分です」などと言ってくる営業マンには、要注意です！**

営業マンを見極める指標の３つ目が、**話に根拠があるかどうか**です。

住宅営業マンは、昔から気合・根性・勘で仕事する文化が根強く、根拠のない「**大丈夫です**」「**問題ありません**」「**十分です**」という言葉を多用する傾向があります。

本当に問題ないなら良いのですが、たとえば、標準的な断熱仕様が明らかに劣っているにもかかわらず「大丈夫です！」と言ってみたり、アルミ樹脂複合サッシと樹脂サッシの特性もよく理解していないのに、「アルミ樹脂複合サッシで問題ありません！」と言ってみたり……。

一歩間違えれば、これから家を建てる人に多大な迷惑をかけるような発言を、安易にしていることもよくあります。本来ならば、ハウスメーカー側がきちんと仕組みをつくり、営業マンの教育をしっかり行っていればいいのですが、現状、多くのハウスメーカーではそうなっていません。さまざまなしがらみがあり、なかなか難しいようです。

近年では、インターネットの発展も手伝い、営業マンのリテラシーもだいぶマシにはなってきましたが、それでも日々学ばない人や、ただ家を売ることだけにフォーカスをしている人などは、話に根拠がない傾向があります。

もし、担当営業マンが自分たちの質問に対し、納得できる根拠もなく、押し切ろうとしてきた場合は、十分な注意が必要です。そのような状況になってしまったら、皆さん自身が勉強して、住宅営業マンをリードするしかありません。

## 担当営業を見極めるポイント　③ 話に根拠があるかどうか

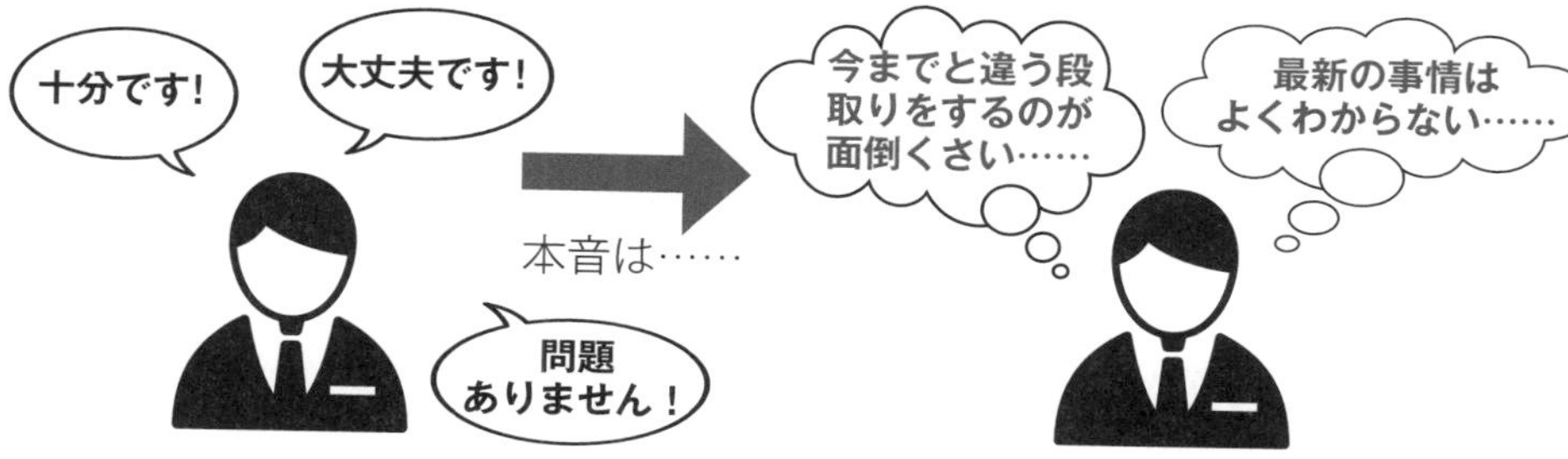
十分です！
大丈夫です！
問題ありません！
本音は……
今までと違う段取りをするのが面倒くさい……
最新の事情はよくわからない……

**自分たちの質問に対して、納得できる根拠もなく、安易な言葉で押し切ろうとしていないか注意しよう**

### 住宅営業マンが言いがちな根拠のない説明

- 「今のままの断熱仕様で全然問題ありません！」
  →断熱・気密性能を高めようとする業界の動きについてこられていない
- 「アルミ樹脂複合サッシは結露しないので大丈夫ですよ！」
  →昨今の高断熱高気密住宅だと、外気と室温の差が20度を超えてしまうので結露してしまう

問題ありません！
絶対大丈夫です！

家づくりは、人生を左右する大きな決断です。それなのに、根拠のないプランを提案してくる営業マンは、信用できませんよね。根拠がないのに、威勢だけは良い営業マンに当たってしまった場合に備える意味でも、施主自身が住宅の知識をつけ、営業マンに適切な質問を返せるようにしておきましょう。

Check!

STEP 37

# 担当営業マンを見極める④
# 家づくりに対する熱意があるか

POINT

**本当に家づくりが好きで、熱意のある営業マンは、組織や人を動かし、施主にとって良い家がつくれるように立ち回ります。**

営業マンを見極める指標の４つ目は、**どれだけ家づくりが好きか**です。私は、住宅営業マンに最も必要な要素は「どれだけ熱量をもって家づくりに取り組めるか」だと考えています。

ハウスメーカー各社は、何かしらの課題を抱えています。その課題をきちんと捉えたうえで、これから家づくりをする施主に対し、今できる最適解を提案することができるのは、設計士でも施工管理者でもなく、現場の営業マンです。

たとえば、私の知る優秀な営業マンは、施主の要望に合わせて、社外の設計士を入れて間取り提案を行ったこともあります。また、外部の設計士を入れることができない場合は、所属エリアを跨いで、他のエリアの設計士を入れる手配をして、施主が心から満足できる提案ができるように努めています。どちらも通常であれば難しいことですが、その**営業マンの「本当に良い家をつくりたい」という熱意に共感して、組織や人が動いてくれている**わけです。

そのほかにも、あるハウスメーカーではアルミ樹脂複合サッシしか使えないというルールがあるにもかかわらず、営業マンの熱意により、樹脂サッシを採用可能にした事例などもあります。

自分の担当営業マンがどれだけ家づくりが好きかを見極める質問として、「今まで担当したお客さんが喜んでくれた提案って、何がありますか？」と尋ねてみてください。本当に施主が喜んでくれた経験がある営業マンは、生き生きとそのエピソードを語ってくれるでしょう。

## 担当営業を見極めるポイント　④ 家づくりに対する熱意があるか

**自分の担当営業に「今までのお客さんが喜んでくれた提案ってどんなのがありますか？」と確認してみよう**

たとえば……

・要望に合わせて、社外の設計士に間取りの提案をしてもらった
・担当エリア外の設計士にわざわざ入ってもらった
・本来は使えないはずの仕様や設備を導入してあげた　など

↓

これらを実現させたのは、施主が心から満足できる家をつくりたいという営業マンの**熱意**

⟷

**熱意の乏しい営業マン**

型にはまった提案しかしてこなかったので、浅い話しかできない……

本当に家づくりに熱意や思い入れのある営業マンは、その表情や口ぶりも自然と生き生きとしてくるものです。たとえ前例がなかったとしても、施主の要望を何とか実現しようと考えてくれているか、見極めましょう。

# どうやって良い営業マンと出会うの？

## Column

良質な営業マンと出会うには、各ハウスメーカー本社が公認している紹介サービスの活用をおすすめします。その方が、知らず知らずのうちに、住宅系インフルエンサーなどのトラブルに巻き込まれるリスクもなく、正々堂々とサービスを受けることが出来るため、後ろめたさもありません。

現状、大手ハウスメーカー本社が公認で紹介サービスを認めているのは、リクルートが運営しているスーモカウンターや、私が運営しているメグリエなど、限られた会社のみです。

紹介サービスにも、それぞれ特色があります。スーモカウンターは、中堅・ローコストから大手のハウスメーカーまで、幅広く紹介をしています。これは「世の中にどんなハウスメーカーがあって、その中で自分にどこがマッチしているかわからない」という人に重点を置いたサービスだからです。そのため、幅広い価格帯のハウスメーカーの紹介を受けたい方向けのサービスです。

一方、私が運営しているメグリエは、巻末で紹介している有名ハウスメーカー10社のみに絞って紹介活動を行っています。これは「家のクオリティ」に重点を置いているためです。また、紹介先を絞ることで、各社と深い付き合いが可能になり、表に出ない情報の取得や根回しがしやすくなるため、皆さんの家づくりのサポートに生かすことができます。

# Chapter 6

# 土地を探す

STEP 38

# 土地購入の流れとは？

POINT

**土地購入の原則は、買付証明書の提出順による「早い者勝ち」です。提出後は2週間以内に契約が結べるよう、事前準備が重要です。**

**土地購入の原則は「早い者勝ち」です。**

土地の購入を希望する際は、必ず「**買付証明書**」という書類に、個人情報やその土地の買付希望額を記載し、不動産業者に提出します。

この買付証明書を提出した順番に応じて、その土地を優先的に検討する権利を得ることができます。なお、買付証明書の提出後に取り下げを行っても、罰金などのペナルティはありません。ですので、基本的に買付証明書はなるべく早めに提出することがポイントになります。

ただし、注意点として、買付証明書を提出したら、基本的に**約2週間以内**に土地の契約を結ばなければなりません。これは業界の暗黙のルールです。住宅ローンを活用する場合、当然住宅ローンが借りられないと土地は購入できません。つまり、買付証明書を提出したら、どのハウスメーカーで家を建てるのか？　総額いくらになるのか？　銀行は融資してくれるのか？　など、これらを2週間以内にすべてクリアする必要があります。すべてクリアできたら、ハウスメーカーとも契約できる状態が整っているということでもあるので、多くの場合、土地の契約とハウスメーカーとの契約を同日に済ませます。

ただ、この流れはあくまで一例です。地域や不動産業者によっては、住宅ローンが借りられる状態でないと買付証明書を受け付けない場合もあり、その場合は順番が前後します。いずれにせよ、購入したい土地が決まったら、**スピード感が重要**になるのは間違いありません。

## 土地購入までの一般的な流れ

| | |
|---|---|
| 買付証明書の提出 | 住宅ローン事前審査 |

↓ 約2週間後には契約を締結しなければならない

| | |
|---|---|
| 土地売買契約の締結 | 手付金支払い<br>重要事項説明 |

↓

| | |
|---|---|
| 引き渡し | 住宅ローン本審査<br>金消契約（金銭消費賃借契約） |

基本的に不動産業界では、買付証明書を提出してもらった方から早い者勝ちというのが一般的です。とはいえ、場合によっては、売り手にとって有利な条件順だったり、決済が早い順だったりすることも。購入したい土地が見つかったら、「早めに買付証明書を提出する」以外にも、「早めに決済ができる」「ハウスメーカーとの契約を進める」などの準備を進めるようにしましょう。

STEP 39

# 土地探しは基本的に「丸投げ」でOK！

POINT

**土地から購入して家を建てる場合、自ら探すのではなく、基本的にはハウスメーカーに丸投げしてしまうのがおすすめです！**

土地から購入して家づくりをする場合、多くの人が自分たちで土地を探した後、ハウスメーカーを選ぼうと考えます。ただし、これはほとんどの場合、間違いです。

土地から購入する人は、まずハウスメーカー選びから始めてください。**ハウスメーカーに土地探しを依頼しても、手数料はかかりません**（ハウスメーカーの収益源はあくまで建物であるため、土地探しはボランティアになります）。

**自分で土地を探そうと不動産業者と話を進めると、思わぬトラブルに巻き込まれるリスクがあります。**よくあるのが、建築諸費用がとてつもなく高い土地を勧められて契約してしまうケースです。都心部で特に多いのですが、立地の良さなどから不動産業者に勧められて契約したものの、いざその土地で建物を建てるとなったら、地盤補強費用や建設費用で通常の3～5倍近い金額がかかることが後になってわかったという事例です。

もちろん、すべての不動産業者が悪いということではありませんが、基本的に不動産業者は土地を売ることが仕事です。誤解を恐れずに言えば、「土地さえ売れればいい」と考える不動産業者もいます。

そのほかにも、不動産業者とやり取りをして土地探しをした結果、購入先の土地の隣家とトラブルに発展したケースや、土地の契約をする直前で土地の金額を吊り上げられたというケースもあります。

不動産の購入は思わぬトラブルが起きるので、もし自分で動く場合は、細心の注意を払いましょう。

## 自分で土地を探した結果、実際にあったトラブル

### CASE1 家と土地以外にかかる費用が想定以上の高額に

**【状況】**

**すでに買付証明書を入れてしまっており、2週間後には契約する予定だった。**


**【トラブルの内容】**

不動産会社から提示されていた土地で、建設費用や地盤補強費用の想定が当初は300万円～500万円程度だったが、途中でハウスメーカーに入ってもらったところ、実際は1500万円かかることが判明。契約前ギリギリのタイミングで購入をストップ。

### CASE2 隣家と揉める

**【状況】**

**間口が非常に狭く、玄関や駐車スペースの位置がほぼ決まってしまう土地をすでに購入してしまっていた。**


**【トラブルの内容】**

法的には何の問題もないにもかかわらず、玄関の位置が隣家の玄関と横並びになることで、クレームを入れられた。

### CASE3 契約直前に金額を吊り上げられる

**【状況】**

**不動産会社に土地探しを依頼していたため、自分の個人情報（年収、勤務先、自己資金など）を教えていた。**


**【トラブルの内容】**

契約直前で不動産会社から「追加で200万円払わないと地主が土地を譲ってくれない。払えないならこの話は白紙に」と言われる。個人情報を渡していたことで足元を見られた可能性が高く、最終的に追加の200万円と土地金額が増額した分の仲介手数料を支払った。


なるべく土地探しは、ネットで相場を確認する程度にとどめましょう。法律的に問題はなくとも、隣家の住人と感情面でのトラブルが起こることもよくあります。不要なトラブルに巻き込まれ、不要な苦労をしないためにも、土地探しをする際は、間にハウスメーカーを入れることをおすすめします。

Check!

STEP 40

# 地域のハザードマップは要確認！

POINT

**土地を検討するときはハザードマップを見て、地盤の強度や災害リスクを確認しておきましょう。古地図を活用する手もあります。**

土地を購入する際、必ず知っておくべきことは、そのエリアの**地盤の強度**です。地盤が弱いと、地震などの災害時に被害が大きくなりやすく、地盤補強を行うための費用もかかってきます。

自治体の**ハザードマップ**を参考に、液状化や地盤沈下のリスクなどは必ず確認しておきましょう。ハザードマップからは、地震のほかにも、洪水、津波、高潮、土砂災害などの危険度もわかります。自分たちがこれから住もうとしているエリアは問題ないのか、何かしらの対策が必要なエリアなのか、これらは把握しておくべきです。

また、**古地図**を確認するという手もあります。古地図は、国土交通省のウェブサイトなどで確認することができます。古地図と、現在の地図を比較することで、地名の変化や過去にその土地に何があったのかを確認することができます。

日本は、過去の災害が地名になっている場所が割とあるのですが、戦後のニュータウン開発等で地名が変わってしまっています。たとえば、地すべりや土砂崩れがあった場所を意味する「欠き（かき）」「崩（くえ）」は、現在は「柿」「久江」などの漢字が当てられていることがあります。

また、「大貫、抜」「鑓（やり）」「梅（うめ＝埋め）」などが付く地名は、鉄砲水が起きる場所を示すともいわれています。地名によって、もともと川や池があった場所もわかります。

ハザードマップはもちろんですが、古地図からわかることもたくさんあるので、ぜひ活用してみてください。

## ハザードマップでわかること

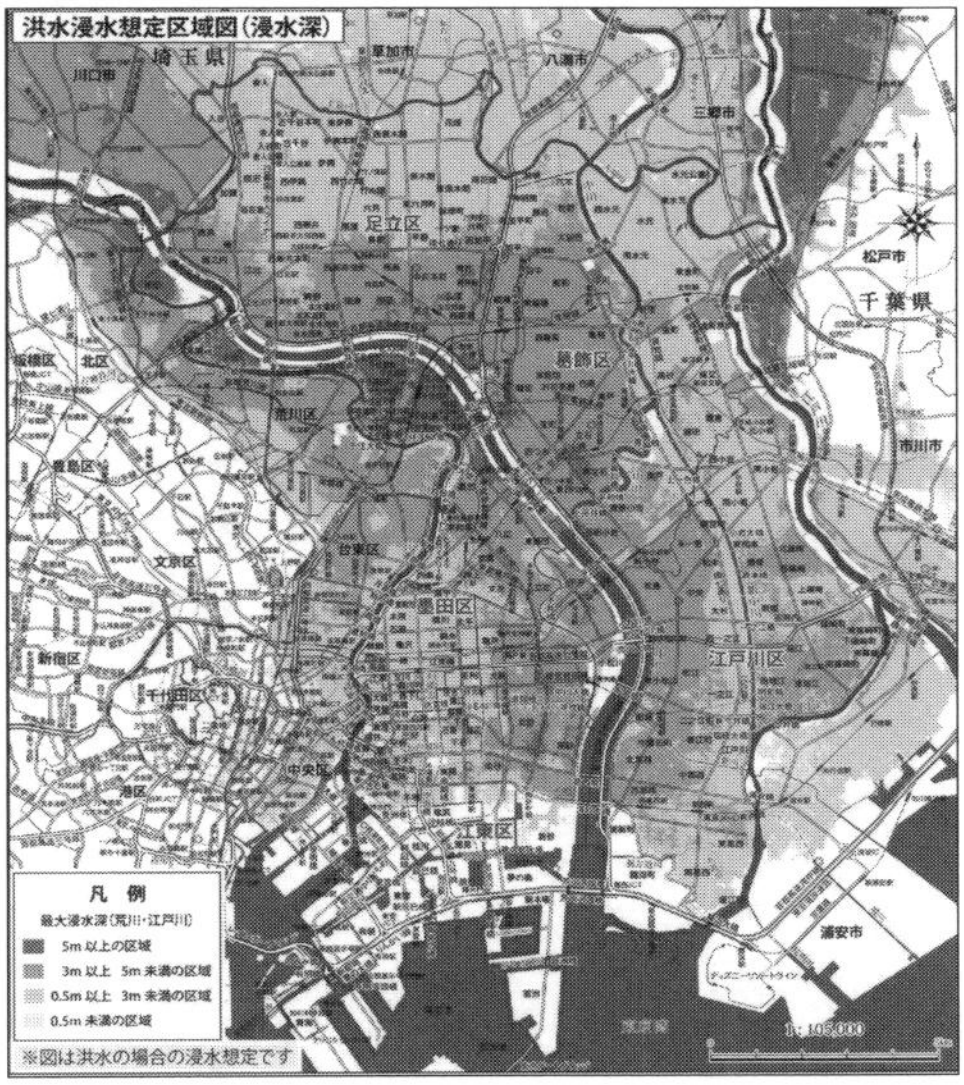


出典：江東区役所「江東5区大規模水害ハザードマップ」

- 浸水、液状化の予想区域
- 土砂災害のリスク
- 津波、高潮のリスク
- 地震の被害程度、範囲　など

## ハウスメーカーが行う４つの主な地盤補強方法

| 工法の種類 | 補強にかかる費用（目安） |
|---|---|
| 直接基礎工法<br>（支持力のある地盤に対応） | なし |
| 表層改良工法<br>（表層２m程度までが軟弱な地盤の場合に対応） | 150～200万円 |
| 柱状改良工法<br>（表層８m程度までが軟弱な地盤の場合に対応） | 150～200万円 |
| 鋼管杭工法<br>（支持地盤が深い、またはない場合の地盤の場合に対応） | 200～250万円 |

※上記金額は、敷地の面積や高低差、地盤改良の深さなどの条件により大きく変動

余計な費用をかけないようにするためにも、また、何より家族の安心安全のために、土地を選ぶ際には必ずハザードマップを確認するようにしましょう。

STEP 41

# 筆界（境界）が確定しているかどうか

POINT

**土地の筆界《ひっかい》（境界）が確定しているか、というのも重要なポイントです。後でトラブルにならないよう、確認しておきましょう。**

不動産の売買は、**正確な土地面積**に基づいて取引が行われなければなりません。売主と買主の双方が正確な土地面積を認識することで、取引の公正さを裏付け、後々のトラブルなどを未然に防ぐことができるからです。

正確な土地面積を測る作業を「**境界確定測量**」といいます。不動産売却に際し、土地の正確な測量は売主の義務ではありませんが、境界確定測量がきちんと行われているかどうかは、重要なポイントです。

土地の面積は、法務局が保管する「不動産登記簿謄本」に記載されていますが、実はここにある情報が常に正しいとは限らないのです。

これは、測量技術の進歩によって、昔よりも正確な測量が可能になったことが要因です。つまり、登記簿謄本上に登録されている土地面積は、昔に測量されたため、現在の測量基準と照合すると、正しくない可能性があるのです。

もし、本来の面積より狭い情報が記載されていれば、土地の売主が損をします。その逆ならば買主が損をします。また、土地の売却後に「取引時の提示面積よりも実際の面積が狭い」と買主からクレームがつくと、損害賠償や契約解除といったトラブルに発展する可能性も出てきます。

こういったトラブルを未然に防ぎ、売主と買主双方が納得した状態で取引を行うために、境界確定測量が必要なのです。これから土地を購入する人は、その土地で境界確定測量が行われているかどうか、これを確認するようにしましょう。

## 土地の筆界（境界）に関するよくあるトラブル

### 筆界の認識相違

お互いが認識している筆界（境界）の相違から発展するトラブル。たとえば、隣地境界線上に築造されているブロック塀が、土地と土地のちょうど中心部分にあるのか、それともどちらかの所有物なのか――こういった認識のズレから生じる。

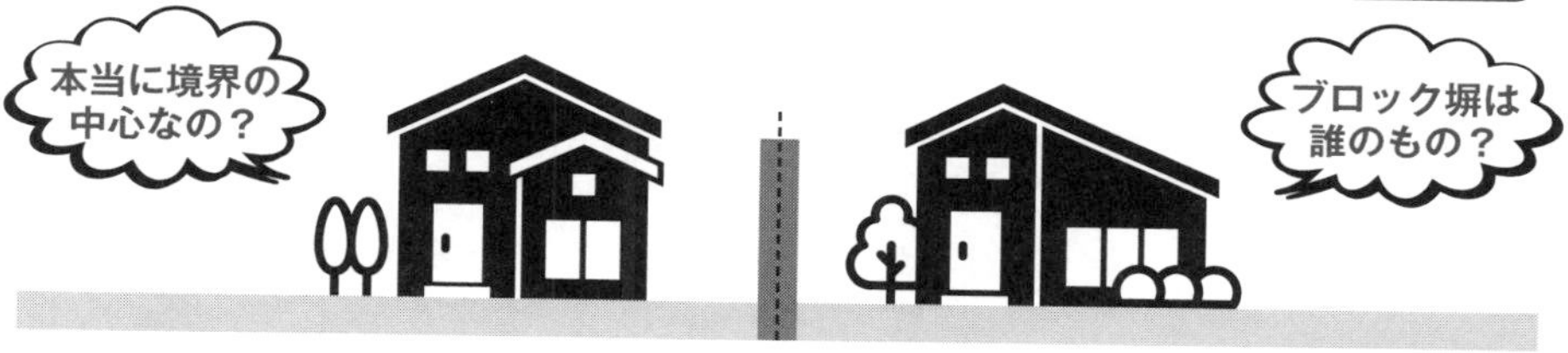
本当に境界の中心なの？
ブロック塀は誰のもの？

### 構造物などの越境

構造物とは屋根や樋《とい》など建物の一部のことで、これが隣地へ越境することで発生するトラブル。庭木などが越境している場合は伐採すればすぐに解消されるが、建物の一部などであると改善が難しいため、紛争へ発展するケースもある。

### 境界標がないことによるトラブル

歴史の深い土地ほど境界標がないことがあり、隣地所有者との協議のうえ、測量を経て境界標を設置することになる。ただし、測量の結果、想定よりも土地が小さくなってしまった場合は、近隣住民とのトラブルに発展するリスクがある。

しかし、長い目で見れば、将来的な近隣トラブルを未然に防ぎ、安心して建築や土地の売買をするためには必要な作業

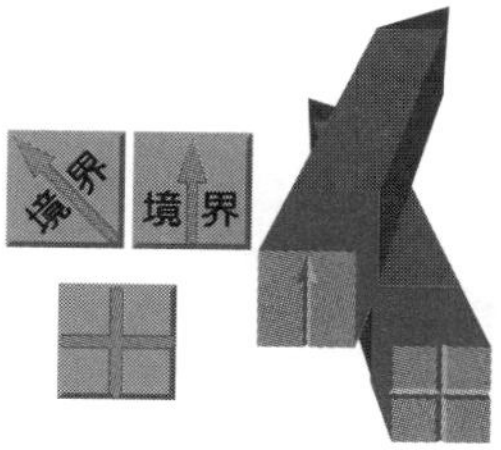
境界
境界

境界標……土地と土地、もしくは公共用地と土地の境目にあるコンクリートなどでできた杭のこと

土地を購入するときは、事前に境界標はあるのか、それとも境界標はなく、これから測量・設置をしなければならないのか、これらをきちんと確認するようにしましょう。

Check!

STEP 42

# 高低差のある土地ってアリ？

POINT

**高低差のある土地は、価格が安い傾向がありますが、造成工事などの諸費用を考えると、総額では結構かかります。**

高低差のある土地は、周囲よりも比較的高い位置にあることで、眺望や採光に優れているというメリットがあります。平坦な土地に比べて、坪単価が安く設定されていることが多く、価格的なメリットも大きいようにも思えます。

しかし実は、**総額でみると、そのメリットはほとんどない**かもしれません。

住宅は基本的に高低差のない平地に建設するので、高低差がある土地に家を建てる場合は、一度平地にならしてから住宅を建設します。そのため、土地の状況に応じて、埋め立て、切土、盛土といった**地盤改良**を施し、土地の高低差を埋める、もしくは傾斜をなだらかにする**造成工事**を行う必要があります。

また、高低差が大きい土地だと、道路側や隣地側に土砂が崩れ出る可能性があるため、**土留め工事**や**擁壁工事**と呼ばれる、崖や盛り土が崩れないようにコンクリートで補強する工事も必要です。

これらの工事は、土地の規模や高低差にもよりますが、**数百万円単位で費用がかかる**場合がほとんどです。特に１・５ｍ以上の高低差のある土地の購入を検討される際は、多額の費用がかかる可能性を覚悟しておくべきでしょう。

ほかにも、高さ２ｍを超える崖が近接する場合は、条例により、住宅を建築するには崖から崖の高さの２倍以上の距離をとる必要があったり、平地と比べて売れにくかったりと、高低差のある土地にはデメリットも少なくないので、購入を検討する場合は、細心の注意が必要です。

## 高低差のある土地で注意すること

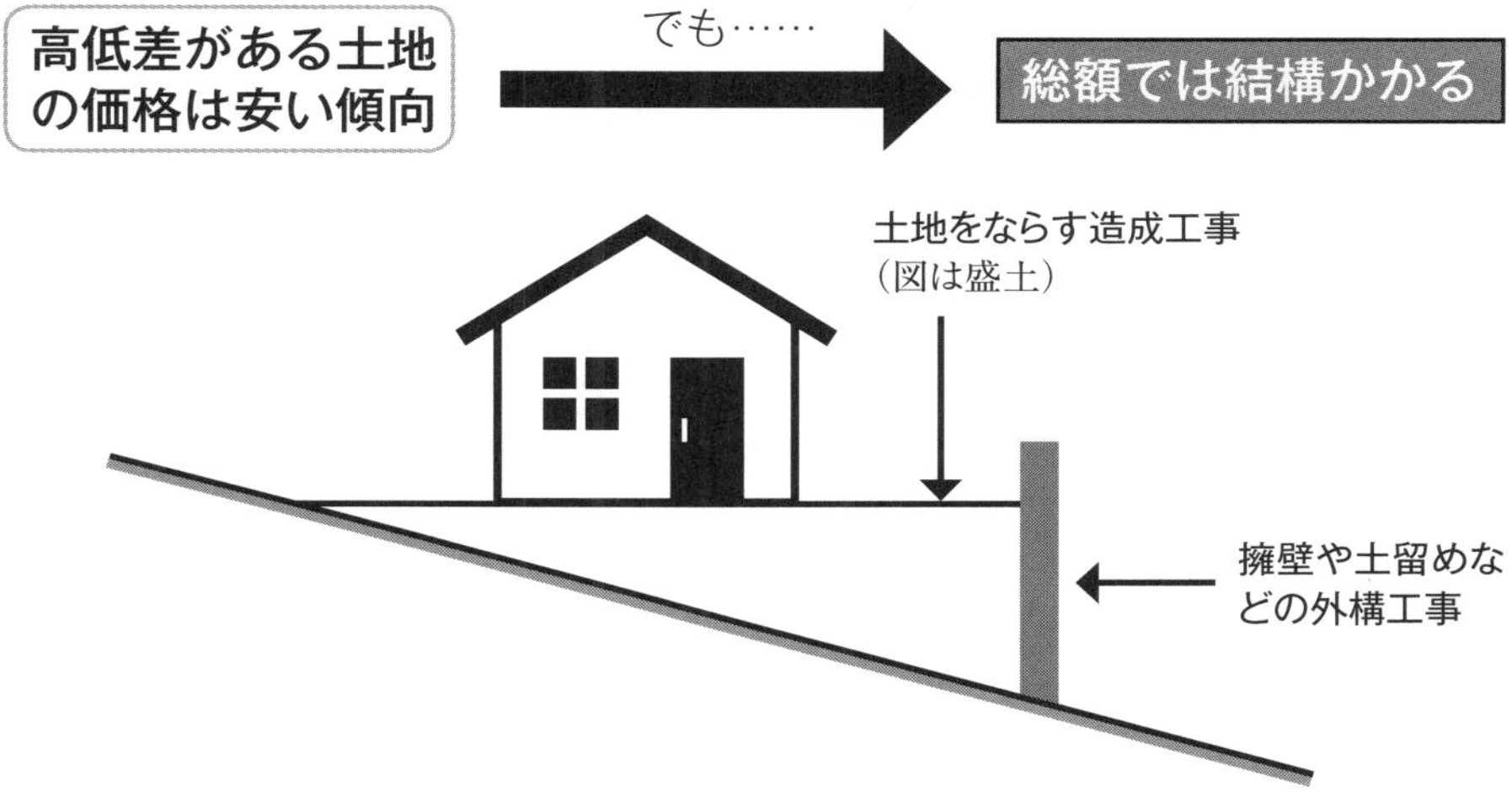


## 高低差があることによって発生する費用

- 切土、盛土、埋め立て、地盤改良などで土地をならす造成工事費
- 擁壁や土留めなどの外構工事
- 駐車場を設ける際、土地と道路の高さをそろえるための土を処分する費用
- 重機の搬入が難しい場合は、重機を吊り上げる費用
- 給排水の配管が長くなる場合に発生する配管延長費
- 給排水を上げるためのポンプが必要な場合に発生する取付工事費　など

**建築時に近隣とのトラブルが発生しやすいことなどもあり、**

**土地の販売価格が安くなっていることも多い**

高低差のある土地の購入を検討する場合は、総額の資金計画や近隣住宅の状況などは最低限確認して、その土地を購入するかどうかを判断しましょう。「安いから」というだけの浅はかな考えで手を出すと、とても危険です。

## STEP 43

# 既存擁壁の安全性に問題はないか

POINT

既存擁壁を含む土地の購入を検討する場合は、その擁壁が「不適格擁壁」でないか、事前に確認しておきましょう。

　希望しているエリアの都合上、どうしても高低差のある土地を購入しなければならない場合もあるかと思います。高低差のある土地には擁壁《ようへき》が近くにある可能性が高いわけですが、古い既存擁壁には**「不適格擁壁」**というものが存在するので、注意が必要です。

　不適格擁壁とは、建築基準法の施行前に建築され、何らかの事情で確認申請が出されていないものや、検査済証などの証明する書類がないものです。つまり、現在の建築基準法に適合していない擁壁のことをいいます。

　もし、自分が購入しようとした物件にこの不適格擁壁が含まれていた場合、**擁壁工事の費用まで負担**しなければならなくなってしまうかもしれません。擁壁の建て替え工事は、数百万円～一千万円以上の多額の費用がかかる場合が多いです。そのため、擁壁のある土地を購入する場合は、擁壁の適合・不適合を事前に確認しておくこと、隣家との境界を確認しておくこと、この2点は必ず確認してください。

　擁壁の適合・不適合については、検査済証が交付されているかどうかを調べると良いです。大抵の場合は不動産業者に聞けば大丈夫ですが、口頭で「大丈夫」と言っているだけでは安心せずに、きちんと書類を出してもらうよう交渉したり、役所で調べてもらったりしてください。

　境界についても、不動産業者立ち会いのもと、図面や測量図を持って必ず現地へ行き、境界杭を確認しましょう。トラブルの未然防止につながります。

## そもそも「擁壁」とは

擁壁……高低差のある土地で、側面の土が崩れるのを防ぐために設置される壁状の構造物

土の荷重、雨水の水圧、建物の荷重も加わり、十分な強度でないと倒壊の危険性が生じてしまう

## 注意が必要な「不適格擁壁」の存在

**不適格擁壁とは……** 建築基準法の施工前に建築され、何らかの事情で確認申請が出されていないものや、検査済証などの証明する書類がないもの

↓

**現在の建築基準法に適合していない擁壁**

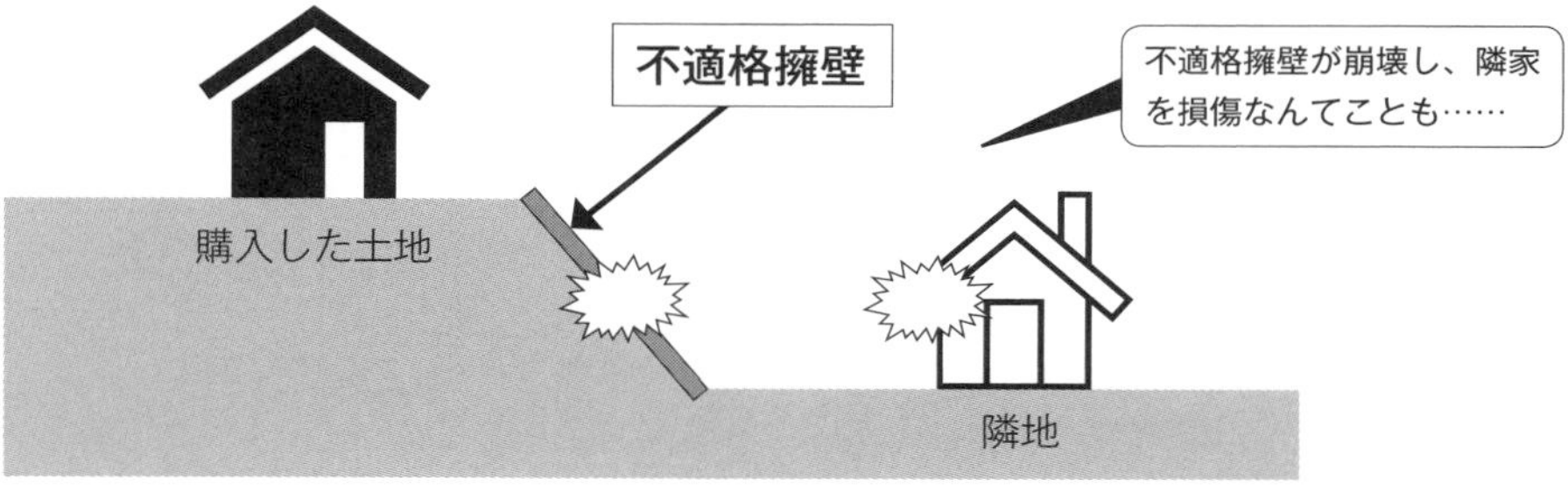


もし、擁壁のある土地に家を建てるのなら、できる限り建築士に土地を見てもらい、設計・監理してもらいましょう。また、擁壁があり、かつトラブルになる可能性が高い土地の場合、そもそも工事を請け負わないというハウスメーカーもあります。それだけ擁壁のある土地での建築は難易度が高く、複雑であるということは覚えておくとよいと思います。

STEP 44

# 間口や接道の幅をチェックしよう

POINT

**面積や間口、接道の大きさにより、資材の運搬・組み立て費用は大きく変わります。構法によって、施行が困難な土地もあります。**

注文住宅を建てる際、構造躯体の主要物となる木材や鉄骨、窓ガラスや玄関扉、断熱材などたくさんの資材を現地に搬入します。このとき、それらを一括で現地に運べるのか、それとも小分けにして現地に運ばなければならないのかで、**資材の運搬費用が大きく変わります**。

それを見極めるためには、**土地の大きさと土地に隣接している道路（接道）の幅の広さ**を確認しておく必要があります。

土地面積が広く、接道の幅が5m以上の場合、運搬・組み立て費用は150万円〜200万円程度で済みます。一方で、土地面積や間口が狭く、接道の幅も4m程度しかない場合は、運搬・組み立て費用に450万円近い金額が発生してくる場合があります。特に、都内などの狭小地で、接道幅も狭い場所に家を建てる際は、土地の金額も高いうえ、運搬・組み立て費用も高額になる傾向にあります。

また、ハウスメーカー各社が採用している構法によっては、**施行が困難になる土地も存在**します。

たとえば、鉄骨ユニット構法（52ページ参照）を採用しているハウスメーカーでは、ユニットと呼ばれる鉄骨の箱をトラックで運び、現場でそれをクレーン車などの重機で持ち上げて施工するため、建築予定地の前面道路が広いことはもちろん、周囲に電線がないか、クレーン車を駐車できる場所があるか、近隣住宅との間隔は十分か、などの確認も必要になります。

土地によって想定外の費用がかかってしまわないよう、ご注意ください。

## 間口・接道とは？

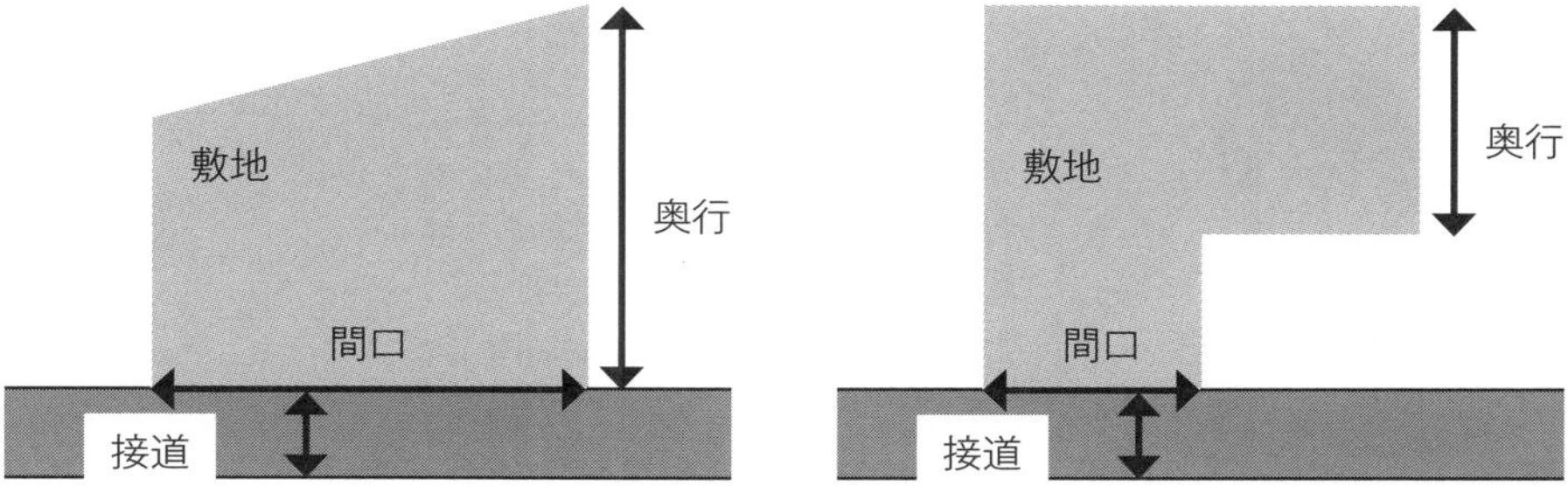


**間口**…道路と接している敷地の長さのこと
**奥行**…道路に対して垂直方向の長さのこと
**接道**…住宅の敷地に接している道路のこと

建築基準法により、間口は2m以上、接道の幅は4m以上でないと、家を建てることはできない

## 不整形地には注意が必要

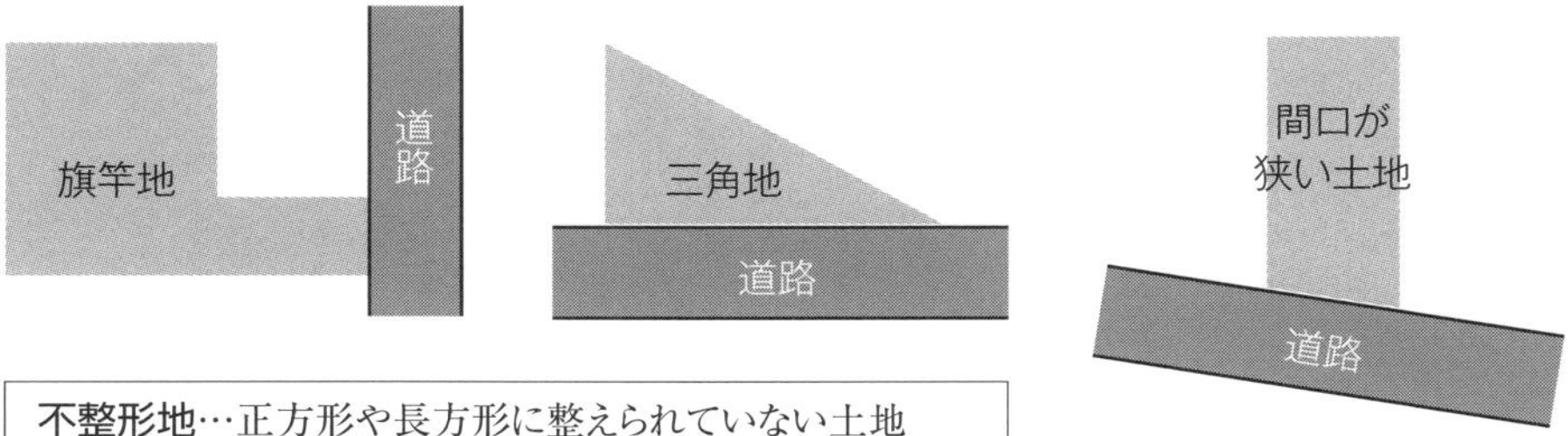


**不整形地**…正方形や長方形に整えられていない土地

**資材を運べない、重機が入れない、駐車スペースがない、などの理由から余計な建設コストがかかることも……**

ユニット構法のハウスメーカーの住宅は、重機が入れないと工事ができないことがほとんど

不整形地など、接道や間口が狭い土地は、基本的に相場よりも安く購入できますが、資材の運搬や、場合によっては土地を整える工事などで、結局コストがかさんでしまうことも少なくありません。注意しましょう。

STEP 45

# 電柱、道路標識、消火栓は邪魔にならないか

POINT

建築の際、電柱や道路標識、消火栓が邪魔になる場合があります。移設には手間とコストがかかるので、土地選びの段階で確認しましょう。

土地を購入して家を建てる際、**電柱**、**道路標識**、**消火栓**などの公共物が**邪魔**になってしまうケースがよくあります。

たとえば、本来なら駐車場として使いたい場所に、電柱、道路標識、消火栓などがあって、駐車場を設置することができないといったケースです。解決するには、管轄する役所や警察に相談して、これらを移設できるか確認する必要があります。

特に電柱の移設に関する事例は多く、トラブルにもなりやすいです。

電柱は、所有者である電力会社やNTTなどに連絡して、電柱のある住所、電柱の番号、移設したい理由、希望期日などを伝え、移設を依頼します。この際、電柱の所有者側と依頼者側のどちらかが移設費用を負担することになります。費用の相場はだいたい15～35万円で、依頼者が負担することになった場合、想定外の出費となり、トラブルに発展するケースがあります。

また、住宅密集地では、移設先を確保できなかったり、隣地との境界線が狭くて電柱を立てられなかったり、隣人の承諾を得られなかったりして、移設が困難なケースもあります。そのほか、移動距離が極端に短い場合や、地下埋設物がある場合、敷地内・私道から公道への移設を希望する場合なども、電柱の移設自体が認められないことがあります。

**電柱の移設は手間がかかります**。きちんと確認しておかないと、後々のトラブルにも発展してしまいます。道路標識や消火栓に関しても同様に、きちんと事前に確認しておきましょう。

## 電柱、道路標識、消火栓などの「障害物」がないか確認する

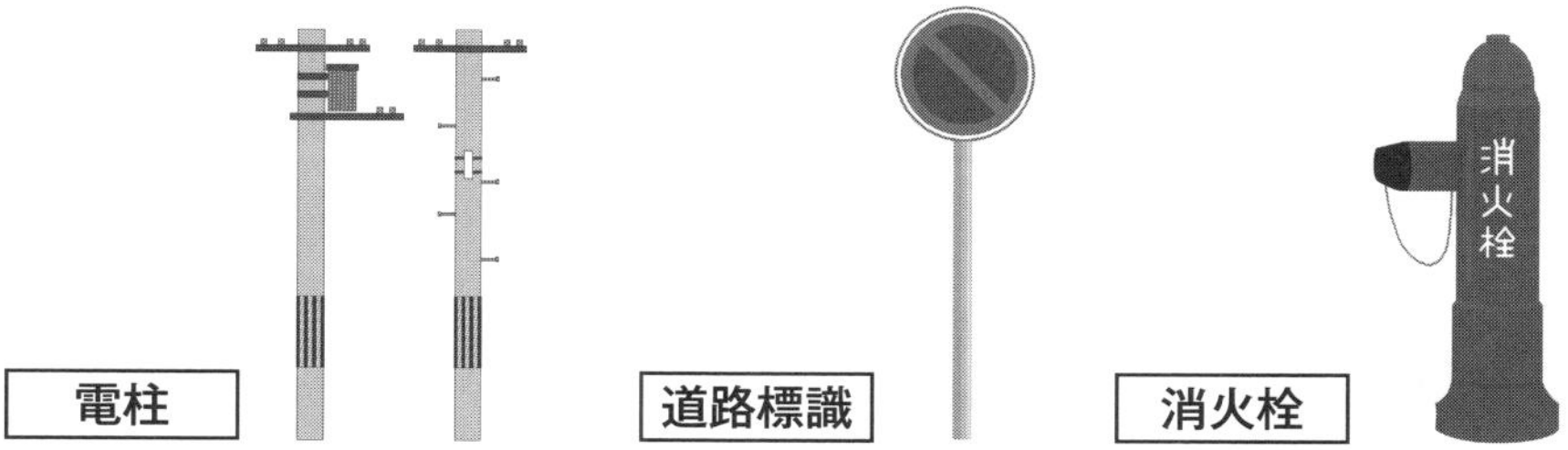


・駐車場が設置できない
・移設することが難しい
・仮に移設できたとしても、コストがかさむ可能性　など

## 電柱を移設できないケース

| 状況 | 移設できない理由 |
|---|---|
| 住宅密集地 | 移動先を確保できなかったり、隣地との境界線が狭かったりして、移設が困難な場合がある。移設できたとしても、隣人の承諾を得られないことも。 |
| 地下埋設物がある | 道路上に電柱を移動できるスペースがあっても、その地下に水道管やガス管、電力ケーブルなどが埋まっていると、その場所には電柱を立てることができない。 |
| 移動距離が極端に短い | 電柱の移動工事では、先に新しい電柱を設置して、新しい電柱に電線を架け替えた後、古い電柱を抜くのが一般的なため、電柱同士の距離が近いと、工事の際にぶつかったり、妨げになったりするため、移設できない。 |
| 敷地内・私道から公道への移動 | 敷地内や私道にある電柱を公道に移設させる場合、自治体の意向で承認されないケースもある。また、公道に電柱を移設させるには、道路の使用許可が必要だが、安全性などの観点から、認められないことも。 |

電柱と同じように、道路標識は警察か土木事務所などの道路管理者に確認しましょう。消火栓標識の移設については、位置関係を消防局警防課に、消火栓の移設工事に関する手続きは、水道局工務担当に確認をしてください。消火栓・消火栓標識の移設には、専門的な工事が必要となり、工事費用を負担しなければならないことが多いです。

STEP 46

# 日当たりは事前に確認しておこう

POINT

**日当たりは採光や温熱など、たくさんの効果があります。アプリを活用して、日当たりを事前に確認しておくと安心です。**

日当たりは、部屋を明るくしてくれるのはもちろん、冬は部屋の中を暖めてくれる効果もあります。電気料金の高騰が騒がれている時代ですから、なるべく光熱費をかけないようにするためにも、**日当たりは最大限活用した方が良い**わけです。

　そのために、これから購入する土地の日当たりはきちんと確認する必要があるのですが、日当たりは季節によって大きく変わります。夏は太陽の位置が高くなり、冬は太陽の位置が低くなります。1年間そこの土地の日当たりを観察したうえで土地を購入できれば良いのですが、現実的ではありません。

　そこで、おすすめなのが「Sun Seeker」というスマートフォンアプリです。このアプリを使えば、指定した日時に太陽がどの位置を通るかを確認できます。つまり、1年間を通じて、その土地にどのように日が当たるのかを確認できるのです。

　これを活用することで、土地購入前に日当たりをチェックできるほか、ハウスメーカーから間取り提案を受けた際、その間取りが本当に日が入るのかを確認することができます。ハウスメーカーの中には、とりあえず南側に開口部を設けておけば日が入るだろうという安易な考えで、間取り提案している会社（営業マン）もいます。こういった雑な提案は、皆さんが想像している以上に多いのが実情です。

　季節によって日当たりは大きく異なるので、「Sun Seeker」はおすすめします。ただし、買い切りの有料アプリなので、その点だけご注意ください。

## 日当たりの悪い家のデメリットとは？

- 寒い
- 冬に部屋が温まりにくい
- 電気代がかかる
- 暗い
- 光が入らないため
  鬱々とした気分になる　など

## 日当たりチェックにおすすめのスマートフォンアプリ

**Sun Seeker**

太陽の時間ごと・月ごとの方角、春分・秋分、冬至・夏至の経路、日出没時刻、薄明時刻、日影、ゴールデンアワーなどを表示できる

アプリの画面イメージ

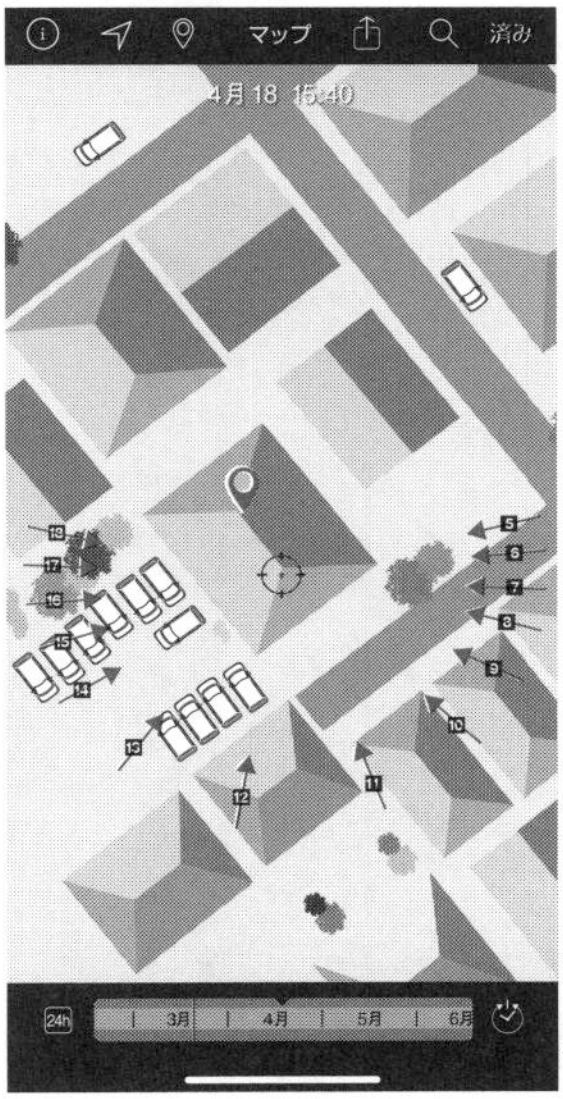


4月

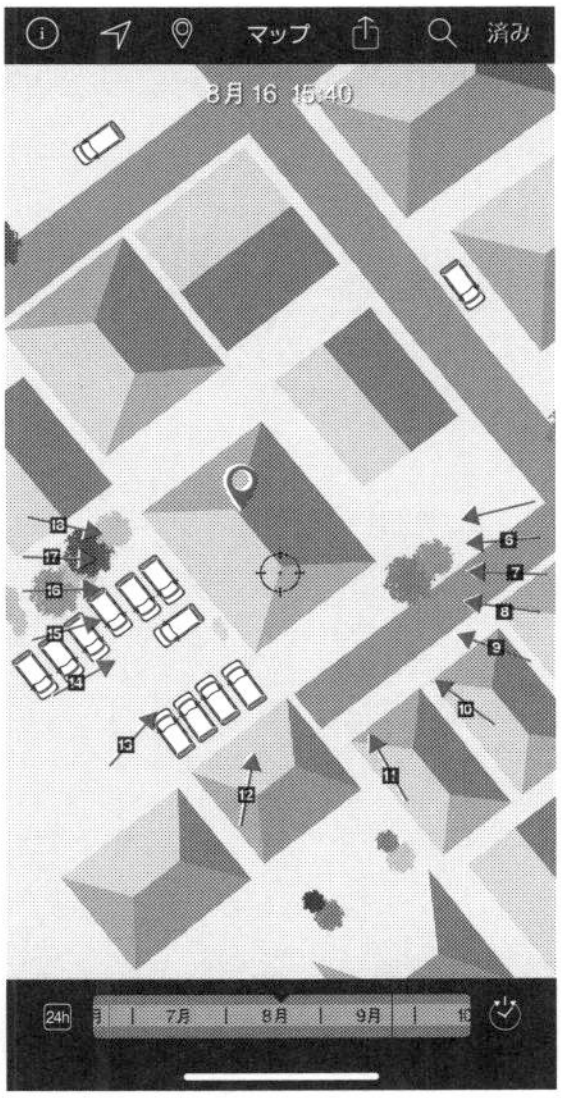


8月

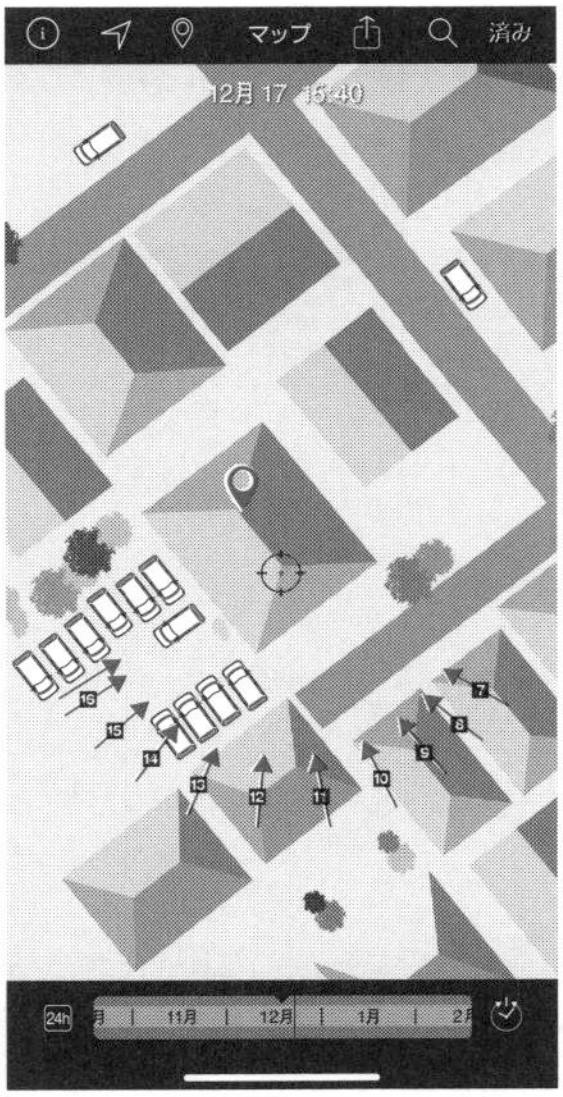


12月

「Sun Seeker」を使うと、月ごとの日の入り方がわかるため、その月の何時に、どの角度から日光が入ってくるのかをチェックすることができます。

Check!

STEP 47

# 周囲の生活環境はストレスにならないか

POINT

**ゴミ捨てのルールや、周辺道路の交通量、近隣住民の実態（道路族の存在）など、周囲の生活環境は要チェックです！**

せっかく良い土地を購入しても、日々の生活環境でストレスに感じるようなことがあれば、苦痛になってしまいます。そこで、事前に確認すべき周囲の生活環境のポイントを、いくつかご紹介します。

1つ目は、**ゴミ捨て場の位置とゴミの収集サイクル**です。今まで集合住宅で暮らしていた人は、ゴミ捨て場が近かったり、好きな時間にゴミを出せたりして、ゴミ出しに対するストレスはそこまでなかったことでしょう。しかし、戸建て住宅の場合、立地によってはゴミ捨て場が遠かったり、ゴミの出す時間が厳格だったりと、配慮しなければならないことが増えます。地域によってゴミ出しのルールや収集サイクルは異なります。きちんとそれらも確認したうえで、場合によっては自宅の庭にゴミを一時的に置いておける外物置等の設置も検討すべきかもしれません。

2つ目は、**抜け道が近くにあるかどうか**です。住宅街でも、時間帯によっては抜け道として使われており、一時的に交通量が増える道路が存在します。その抜け道に自宅が隣接していると、自動車の振動や騒音で不快な思いをしながら暮らすことになってしまいます。

3つ目は、**近隣住民の状況**です。近年になって「道路族」という言葉をよく耳にするようになりました。道路族とは、路上や駐車場で遊ぶ子どもたちや、それを放置して井戸端会議に興じる保護者たちを指します。リモートワークを推奨する企業も増えてきている中、道路族が多い土地だと、1日中ストレスを抱えることになります。

## 生活環境でチェックすべきポイント

### 【ゴミ捨て場の位置とゴミの収集サイクル】

→ゴミ捨て場が自宅の近くや通勤経路にあるか
→ゴミの収集サイクルによっては、ゴミを一時的にストックしておける外物置等の設置を検討

### 【抜け道が近くにあるか】

→実際に交通量を確認してみて問題ないか
→車による騒音や振動は問題ないか

### 【近隣の状況】

→いわゆる「道路族」はいないか
→学校が近くにあることで騒音は気にならないか
→飛行機の空路になっていないか

### 【野良猫がいるかどうか】

→庭先が糞害に遭う可能性はないか

### 【隣家の植栽がどうなっているか】

→植栽の越境リスク
→落ち葉等による被害
→実のつく植栽があれば鳥や虫による被害

### 【太陽光パネルの反射問題】

→近隣住宅の太陽光パネルによる反射は気にならないか
→逆に自分たちの太陽光パネルの反射で、近所の方に迷惑をかけてしまい、トラブルに発展する可能性はないか

エリアによっては、昼と夜、平日と休日でがらりと雰囲気が変わることも少なくありません。交通量なども変化することが多いので、できれば曜日や時間帯を変えて、何度か周辺を歩いてみるのがおすすめです。入居後に気づいたのでは手遅れなので、入居後の生活をリアルに思い浮かべながら、生活環境をチェックしましょう。

STEP 48

# 土地を見つけてくれたハウスメーカーで家を建てなければいけないの？

POINT

**土地探しを依頼したハウスメーカーと契約しなければならないルールはありませんが、あまりに多くの会社に依頼するのはやめましょう。**

ここまで、土地を購入する際のポイントをお伝えしてきましたが、あまりにも確認するポイントが多く、驚いた人も多いと思います。ただ、これまでに紹介したもの以外にも、専門的な知識が必要な確認事項はまだ数多くあります。そのため、基本的にはハウスメーカーに土地探しを丸投げしてしまった方が良いわけです。

そうすると、「土地を探してくれたハウスメーカーと契約をしなければいけないのかな」と思われる人もいると思います。それは間違いです。**土地を見つけてくれたからといって、必ずしもそのハウスメーカーと契約しなければならないというルールは存在しません。**

そのため、複数のハウスメーカーに土地探しを依頼した方が、効率的に土地を探すことはできます。ただし、あくまでハウスメーカーの利益は建物であり、その利益を得るために土地探しのボランティアをしていることになるので、営業マンによっては「自社を本気で検討しない人の土地探しは受けない」「自社で契約をしてくれる前提でないと土地探しをしない」という強気のスタンスを取ることもあります。

これについては、営業マンのスタンス次第であるため、何が正解で、何が間違っているという話でもありません。ただ、土地探しや、その後の商談を円滑に進めたいのであれば、**検討するハウスメーカーはできれば2社、多くても3社までに絞ったほうがよい**でしょう。4社以上に土地探しの依頼をしても、どの会社も真剣には対応してくれないはずです。

## 土地探しは複数のハウスメーカーにお願いするのが効率的

せっかく土地を見つけてくれたんだから、そのハウスメーカーと契約しなければいけないよね……？

**土地を見つけてくれたからといって、そのハウスメーカーと契約しなければならないというルールはない**

**その一方で……**

ハウスメーカーはボランティアで土地探しを行うことになるので、

**「ウチを本気で検討しないなら土地は探さない」**
**「契約前提でないと受け付けない」**

という強気の営業マンがいるのも事実

### 土地探しやその後の商談を円滑に進めるなら、2～3社以内に絞って進めるのがおすすめ

土地には「建築条件」が付いているものがあります。これは、その土地を購入する場合、特定のハウスメーカーでしか建てられないという制限のことです。200万円程度追加で支払えば建築条件を外せることもありますが、可能性は低いと考えたほうが良いでしょう。

# 土地選びの決め手とは？

**POINT**

**100点満点の土地は存在しません。ポイントは、一部でも自分にとって「満点」と誇れるような土地を探すことです。**

土地選びを進めていくと、多くの方が完璧な土地を探そうとします。価格が安くて、日当たりが良く、敷地面積も広くて、駅に近い――そんな土地があれば最高なのですが、現実ではあり得ません。必ず、**どこかで妥協が必要**になります。

しかも、その土地が人気エリアであるほど即断即決を求められます。それなのに、「もっと良い土地があるかも」「しばらくしたら価格が下がるのでは」と二の足を踏んでしまうと、自分の中の土地に対する基準だけが上がってしまい、一向に土地を購入することができない負のスパイラルに陥ってしまいます。

だからこそ、ある程度の合格ラインをクリアできたなら、その土地でより快適に暮らすにはどうすべきか考えたほうが有意義です。「住めば都」という言葉がありますが、その土地に都をつくるのは他でもない自分なのです。

では、どのような判断で土地選びを進めればよいのでしょうか。ポイントは、全体で満点を狙うのではなく、**一部でも満点だと誇れるような土地を選ぶこと**です。

たとえば、以前に私が家づくりのお手伝いをした人は、窓から見える景色や街並み、そこから感じられる住み心地のよさを重視したいという考えをもっていました。その人にとっては、駅から少し離れた、多少不便な土地だったとしても、家の窓から視線が抜けた先に見える景色に「満点」を感じて、購入を決めたわけです。このように、どこか一部でも誇れるポイントがあったら「買い」の決め手になり得るのです。

## 土地購入に踏み出せなくなってしまう流れ

**100点満点の土地を求めてしまう**

・低価格　　　・日当たり良し
・面積も広い　・駅近の好立地　など

**一向に土地が買えない**

**仮に見つかっても、即断即決を求められる**

→人気エリアであるほど、すぐに買い手がつく

**「もっと良い土地があるかも」**

→二の足を踏んだ分、理想がさらに上がる

**すべての要素で満点を求めず、一部でも満点だと誇れる土地を選ぶことがポイント**

売地
いや、もっといい土地があるかも…

「あれも、これも」と100 点満点を求めても、一向に家づくりを進められない悪循環に陥ってしまいます。自分にとっての優先したいポイントは、価格なのか、面積なのか、周囲の雰囲気なのか、利便性なのか……そういった「優先順位」を意識しながら、土地探しを進めると良いでしょう。

Check!

Column

# どうしても自分で土地を探したい人は……

土地探しはハウスメーカーに丸投げしてしまった方が良い、ということをお伝えしました。しかし、中にはどうしても自分で探したいという人もいるかもしれません。その場合は、土地探しを依頼する不動産業者が、土地探しから注文住宅建築までの一連の流れに精通している業者かどうかを、自分で見極める必要が出てきます。

不動産業者の中には、建売建築をメインでやっている業者や、土地売却をメインでやっている業者など、それぞれ得意としていることが微妙に異なります。そのため、不動産業者によっては、注文住宅で家づくりをする一連の流れがよくわかっていない業者も存在します。その場合、当然さまざまなトラブルに巻き込まれる可能性が高まるので、最初によく見極めなくてはいけないのです。

しかし、残念ながら注文住宅の流れがわかっている不動産業者かを見極めるポイントというのはありません。一つ言えるのは、建売建築や土地売買をメインでしている方が儲かるため、注文住宅に詳しい不動産業者はレアだということです。

どうしても自分で土地を探したいなら、根気良く注文住宅に慣れている不動産業者を探すか、専門的な知識を身につけて自分で対処するほかありません。

Chapter 7

# 設計士を見極める

STEP 50

# 自分の担当設計士はどう決まる？

POINT

**契約前までは、多くのハウスメーカーの場合、営業が間取りを書きます。設計士は、その間取りを微調整しながら着工まで進めます。**

ハウスメーカーの設計士は、驚くことに「そのとき、たまたま**手が空いている人が担当になる**」というのが実情です。

家づくりの一般的な流れとして、最初に営業マンが間取りを書き、施主を契約まで導きます。そして、契約後に初めて設計士が登場し、営業マンが書いた間取りをベースに、微調整をしながら着工段階まで詳細を詰めていく——という進行が基本になります。このように、実はハウスメーカーの設計士は間取りを一から書いて提案するのではなく、営業マンが先に書いた間取りをベースとした「**調整役**」としての役割が強いのです。微調整程度なら、設計士のレベルがそこまで高くなくても仕事は成り立つので、そのとき手が空いている設計士が担当になるという仕組みになるのです。

ただ、営業マンではなく、設計士が最初から間取りを書いて、契約後もその設計士が並走して打ち合わせをしてくれるというケースも存在します。そのような対応をしてもらうためには、社内外で評価の高い営業マンを自分の担当につけてもらえるかがポイントになります。

営業マンのレベルが低く、仕事ぶりが雑だと、契約後の打ち合わせでその営業マンの失態を設計士がカバーすることになります。そのため、自然と**レベルの高い設計士は、レベルの高い営業マンとペアになって仕事をしています。**逆に、レベルの低い営業マンは、その時々で適当な設計士が付くという流れができているわけです。何度も繰り返していますが、担当の営業マン次第で、すべて左右されるのです。

## 担当設計士が決まる流れ

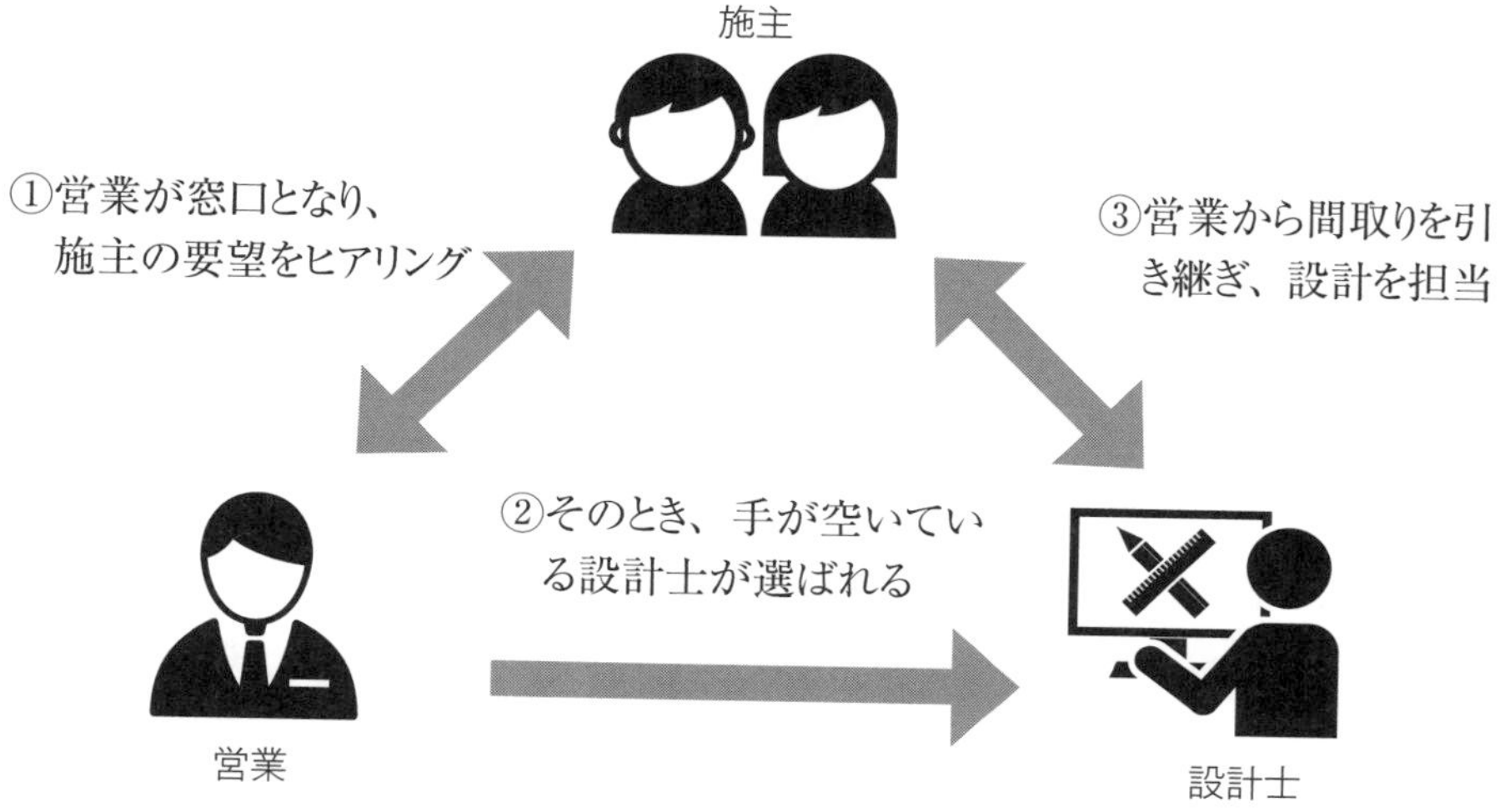
施主
①営業が窓口となり、
施主の要望をヒアリング
③営業から間取りを引き継ぎ、設計を担当
②そのとき、手が空いている設計士が選ばれる
営業
設計士

実は……

**契約前までの提案では、営業が間取り図を作成することが多い**

↓

**営業作成の間取り図を設計士が微調整し、詳細を詰めていく**

POINT

**最初の窓口である営業によって、
担当設計士、間取りの方向性が決まる！**

・施主と設計士の間に入るのは営業マン
・優秀な設計士は必然的に優秀な営業マンと組む
・営業マンが上手く設計士と連携できることが重要

本書で何度も述べていますが、家づくりにおいては、営業マンがすべての業務の窓口となる存在です。勉強熱心で、家づくりに熱意をもった優秀な営業マンと出会えたなら、自然と優秀な設計士に繋がっていくでしょう。

Check!

STEP 51

# 注意したほうが良い設計士の特徴①
# いきなり間取りの要望をきく

POINT

**いきなり間取りの要望をきいてくる設計士には要注意です。注文住宅では、施主のライフスタイルを掘り下げるほうが重要です。**

営業マンと同じように、担当設計士の良し悪しも、自分で判断しなければならない場面もあるかと思います。たとえば、すでに担当の設計士がいる場合や、対応にどこか不安を感じる場合などです。良し悪しを見極めるポイントとして、いくつか注意すべき設計士の特徴があるので、それらを紹介します。

まずは「**いきなり間取りの要望をきいてくる**」設計士です。「どんな間取りが良いですか?」「回遊動線は取り入れたいですか?」「子ども部屋は何部屋必要ですか?」など、いきなり間取りに関するヒアリングをしてくる設計士は、経験が浅いか、もしくは家づくりにあまり興味やこだわりがない可能性があるので、注意が必要です。

なぜなら、そのようなヒアリングをしたところで、パズル合わせのような間取りづくりにしかならないからです。つまり、建売住宅にあるような、どこにでもある間取りしか提案されないということです。

注文住宅の本質は、そこに住む家族たちにとってのオンリーワンの住まいをつくることです。それなのに、どこにでもあるような、誰が使っても同じような使い方しかできない間取りをつくるくらいなら、建売住宅やマンションで十分でしょう。

オンリーワンの注文住宅を建てたいなら、間取りという「手段」ではなく、**自分たちのライフスタイルにフォーカスしたヒアリングがされたか**を見極めましょう。日々の生活に家族の個性は表れます。そこを如何にくみ取り、図化できるかが、設計士の腕の見せ所です。

## こんな設計士には注意　その①　いきなり間取りの要望をきく

×

設計士

・子ども部屋は何部屋必要ですか？
・収納は多い方が良いですよね？
・家事動線は気にしますか？
・LDKは広くしたいですよね？　など

○

設計士

・実家はどんなところですか？
・実家と比較して、現在はどんな生活をしていますか？
・趣味や、休日の過ごし方は？
・料理は好きですか？　など

**優秀な設計士ほど、表面的な間取りの要望ではなく、客の「生活」にフォーカスをした質問をする**

↓ なぜ？

**個人の生活こそが注文住宅の本質だから**

・誰が使っても同じような量産型の間取りになるなら、そもそも注文住宅にする意味がない
・表面的な間取り（手段）だけを実現しても、建売やマンションのような間取りにしかならない

≪補足≫
マンションは最も合理化された間取りなので、LDKや主寝室、水回りなどは、合理化を突き詰めるほど、マンションの間取りに近づいていく

生活にフォーカスをして、自分たち家族にしか使えないような間取りをつくることこそ、注文住宅を建てる本質的な意味であるはず。そのことを理解しているからこそ、優秀な設計士は、表面的な間取りの要望はきかず、「その人、その家族の生活」を優先してヒアリングするのです。

Check!

STEP 52

# 注意したほうが良い設計士の特徴②
## 畳数を重要視する

POINT

**実際の広さよりも「広さ感」、実際の距離よりも「距離感」を感じられる間取りをつくることが重要です！**

間取りを考える過程で、**「LDKは何畳必要ですか」というようなヒアリングをしてくる設計士には要注意**です。

なぜなら、各々のライフスタイルによって必要な広さは異なりますし、実際の広さ以上に「広く見えること」や「広く使えること」が重要な場合もあるからです。

実際の広さ以上に広く感じられる家にする方法には、大きく2種類あります。

1つ目が「**広く見せる**」方法です。具体的には、敷地全体を活用する、視線の抜けを意識する、物を減らす、照明の重心を低くする、天井を低めにする、建具をハイドアにする、吹き抜けなどで1・2階を繋ぐ、などの手法があります。

2つ目が「**広く使う**」方法です。具体的には、ウッドデッキやぬれ縁などで外側と室内側の中間領域をつくる、建物外周部の壁や窓付近に居場所をつくる、階段や段差を活用して居場所を創出する、などの手法があります。

この「広く見せる」や「広く使う」方法を用いることで、畳数に囚われずとも居心地の良い空間をつくることは可能です。私は、**実際の広さよりも「広さ感」、実際の距離よりも「距離感」**を感じられる間取りをつくることが重要と考えています。

優秀な設計士ほど、畳数にフォーカスしたヒアリングはしません。要望通りの畳数で間取りをつくっても、必ず満足する間取りになるかといわれれば、そうとは限らないからです。数字の上では広くても、「広く見せる」や「広く使う」配慮がない場合、窮屈に感じてしまう場合もあるのです。

## こんな設計士には注意　その②　畳数を重要視する

×

・LDKは何畳必要ですか？
・子ども部屋は4.5畳くらいですか？
・主寝室は8畳？ それとも10畳？　など

**平面上の数字と、空間の感じ方は全く別物**

**広さより「広さ感」、距離より「距離感」が大切**

### 実際の畳数以上に広く感じる家にする方法

**①広く見せる**

・敷地全体を活用する
・視線の抜けを意識する
・物を減らす
・照明の重心を低くする
・天井を低めにする
・建具をハイドアにする
・吹き抜けで1、2階を繋ぐ　など

**②広く使う**

・ウッドデッキやぬれ縁などで屋外と屋内の中間領域をつくる
・建物外周部の壁や窓付近に居場所をつくる
・階段や段差を活用して居場所をつくる　など

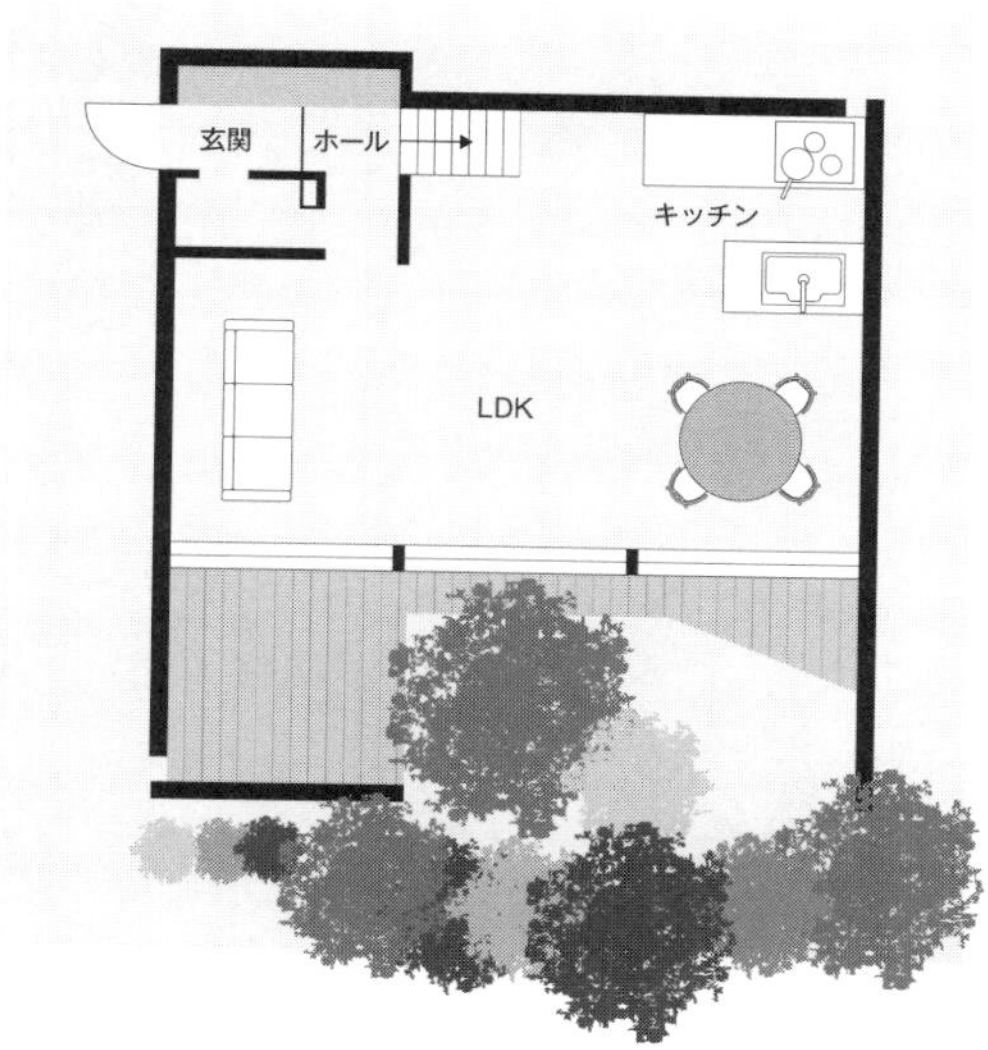


Check!

こちらは、中庭のある家の1階の間取り図です。LDKが26畳なのに対し、囲ってある外の空間が約21畳あるため、内側と外側で合計約47畳の広さを感じることができます。このように、実際の畳数以上に広く感じられる工夫はいくつも存在します。

STEP 53

# 注意したほうが良い設計士の特徴③
# 我流で仕事をしている

POINT

**大量生産が源流のハウスメーカーでは、建物の意匠性は完全な現場任せ。そのため、「我流」を突き進む設計士も多くいます。**

もともとハウスメーカーは、住宅の大量生産を目的とした企業です。そのため、同じ物を同じ質でたくさんつくることに重きが置かれていたため、どのハウスメーカーも、建物の意匠性に関しては完全に現場任せになっているのが実情です。

これはつまり、テレビＣＭや住宅展示場で見るような家と、実際に提案される家とでは、大きな乖離が生じる可能性が高いということでもあります。

確かに、一部の優秀な設計士が、自身が所属する組織（支店）の設計リテラシーを向上させていることもありますが、そのような優秀な設計士は本当にごくわずかで、感覚的にはハウスメーカー1社につき10人いるかどうかです。

そのような状況もあり、ハウスメーカーには、我流の設計文化が根付いていることが多いのです。

優秀な設計士は、歴代の建築家が培ってきた設計技術や手法を学び、それらをベースにして設計を行っています。そのため、元を辿っていくと、どの設計士も共通の師がいたりします。

その一方で、特に師と呼べる人もおらず、流れ作業のように日々の業務をこなしているだけの設計士は、何となくの感覚で**「我流」の仕事をしています。**

ハウスメーカーの源流は大量生産ですから、意匠に対する勉強の積み重ねがなくても、設計業務は行えてしまうわけです。自分の担当設計士を見極めるために、**師となる人物がいるかどうか**、確認してみると良いでしょう。

## こんな設計士には注意　その③　我流で仕事をしている

### ハウスメーカーの設計士

**我流の設計文化が根付いていることが多い**

・ハウスメーカーの源流は大量生産
・意匠性は現場頼みで続いてきた歴史がある
・一部の優秀な設計士は、設計や建築の歴史・技術を学び、それをベースに設計を行っている

**何となく「我流」で設計をしても、家はつくれてしまう**

「好きな建築家や建物はありますか？」「師匠と呼べる人はいますか？」と尋ねてみて、その設計士がどれほど建築に対してリテラシーがあるのかを確認するのも、担当を見極める上で重要な指標になってきます。

STEP 54

# 注意したほうが良い設計士の特徴④
# 展開図を軽視している

POINT

**展開図とは、室内の中心から東西南北を見た図のこと。展開図を作成してくれるかどうかで、家のクオリティは大きく変わります。**

家のクオリティを上げようと思ったら、**展開図をどれだけ細かく作りこむかが重要**になってきます。

展開図とは、**室内の中心から東西南北の四方を見た投影図**です。展開図があることで、各部屋の天井高、窓の位置・高さ、出入り口と家具の関係、設備器具の位置、室内の仕上げ方法などが立体的にわかるようになります。これにより、たとえば、家族の身長に合わせて電気スイッチの位置や造作家具の高さを調整することが可能になるわけです。

皆さんがSNSで見るオシャレな家の多くは、展開図を練り上げた上でつくられた家と思ってよいでしょう。それほど、家づくりにおいて展開図は重要であり、展開図の作りこみ次第で、家のすべてが決まると言っても過言ではありません。

しかし、多くの設計士が展開図を書こうとはしません。設計士の技量が低く、そもそも展開図を書いた経験がない場合や、展開図の作図経験はあるが、業務負荷が大きいため、あえて書かないようにしているなど、理由はさまざまです。もし皆さんがハイクオリティな家を望むのなら、**担当設計士が展開図をきちんと書いてくれるかどうかは**、重要なポイントになります。

また、展開図を書ける人が自分の担当設計士になったとしても、展開図の作成は相応の手間と時間を要します。そのため、複数のハウスメーカーを検討していて契約に至るかわからない場合は、設計士に展開図の作図を断られる可能性が高まるので、注意しましょう。

## こんな設計士には注意　その④　展開図を軽視している

**展開図とは……**

室内の中心から、東、西、南、北のそれぞれ四方を見た投影図

**展開図の作りこみが家の出来を左右する**

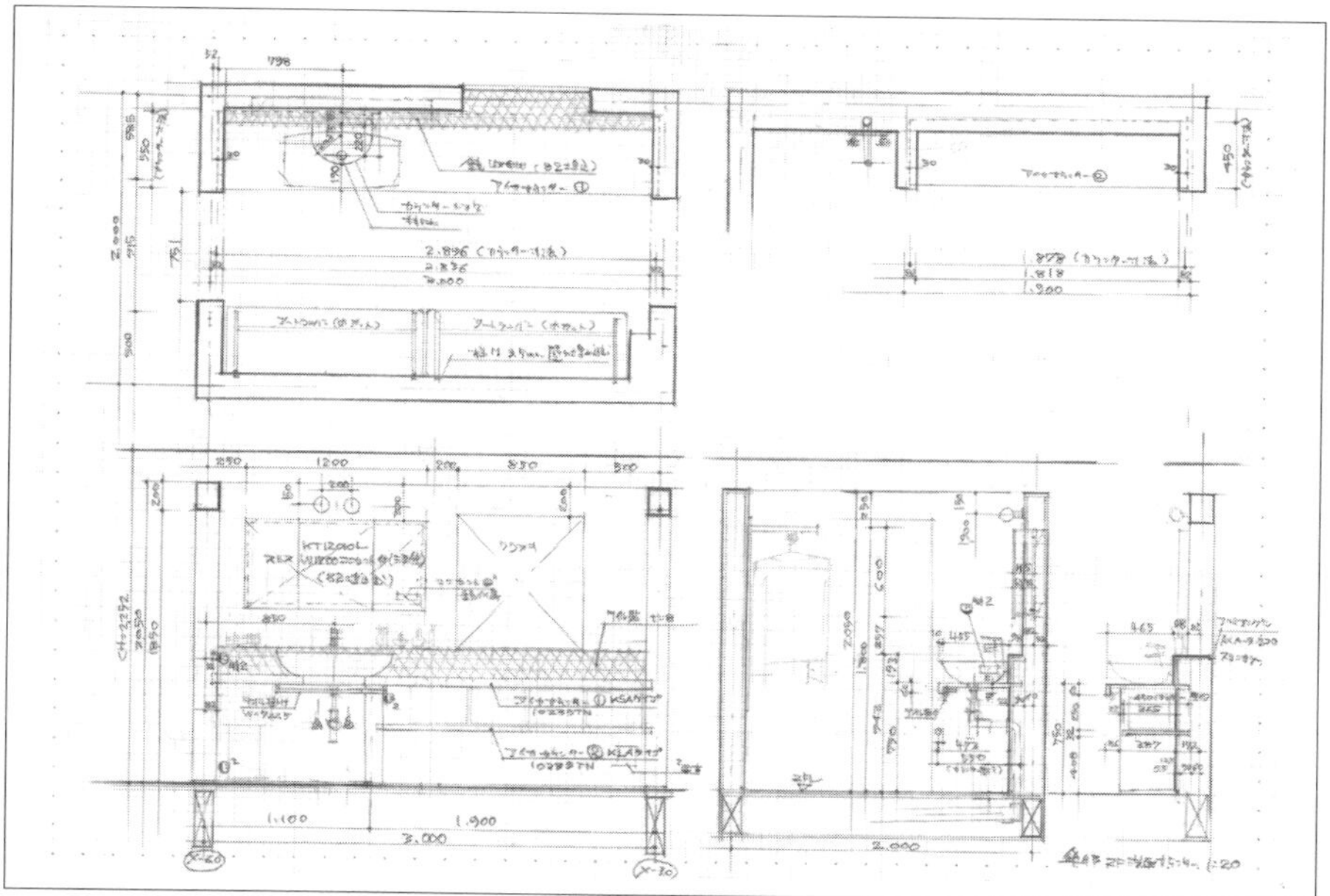

実際の展開図

展開図を作りこむことでできた収納スペース

展開図は作りこめば作りこむほど、きれいでオシャレな間取りになります。ただ、展開図を設計士にしっかりと書いてもらうには、それなりの時間が必要ですので、なるべく早い段階でハウスメーカーを絞り、じっくり打ち合わせすることが重要です。

STEP 55

# 注意したほうが良い設計士の特徴⑤
# 建物だけにフォーカスしている

POINT

**外構は後回しにせず、建物よりも先か、同時に検討することで、庭を含めた家全体で調和を取ることが可能になります。**

ハウスメーカーでの家づくりは、ほとんどの場合、最初に建物のことを決めて、後から外構を考えます。ただし、このような進め方には、主に2つのデメリットが存在します。

1つ目が、**外構工事にかかる金額が不透明なまま話が進んでしまう**ことです。ハウスメーカーは、主に建物で利益を得る収益構造のため、どうしても建物の契約が優先になってしまい、外構の打ち合わせは着工目前のタイミングか、あるいは着工後に開始することがほとんどです。このような進め方だと、最後にとんでもない追加金額が発生するリスクが出てきます。

2つ目が、**どこか「後付け感のある庭」になってしまう**ということです。せっかく内装にこだわっても、庭とセットで見たときに調和が取れていないと、せっかくの注文住宅なのにもったいないです。

SNSなどでよく「室内にいても外の景色を楽しめる設計にしましょう」といった投稿をよく目にします。これは言葉にするのは簡単なのですが、設計の立場で考えると、あらかじめ景色を室内に取り込む場所をつくっておかないといけません。つまり、家と庭との繋がりを考える以前に、家と繋がる庭がどんな庭かについて、考えておかないといけないということです。

そのため、クオリティの高い注文住宅を建てたいのであれば、**外構やランドスケープは、建物よりも先か、あるいは同時に検討する必要があります**。よって、外構を後回しにして、建物だけにフォーカスしている設計士には注意が必要です。

## こんな設計士には注意　その⑤　建物だけにフォーカスしている

### ハウスメーカーの家づくりでよくあるケース

①最初に建物のことのみを決める
②その後、外構計画を考える

**デメリット①**　**外構工事にかかる金額が不透明なまま話が進んでしまう**

→最後に想定外の追加金額が発生するリスクあり

**デメリット②**　**後付け感のある庭にしかならなくなってしまう**

→屋内とのつながりや統一感のない仕上がりになる

**外構計画やランドスケープは、**
**建物よりも先に、あるいは同時に検討する**

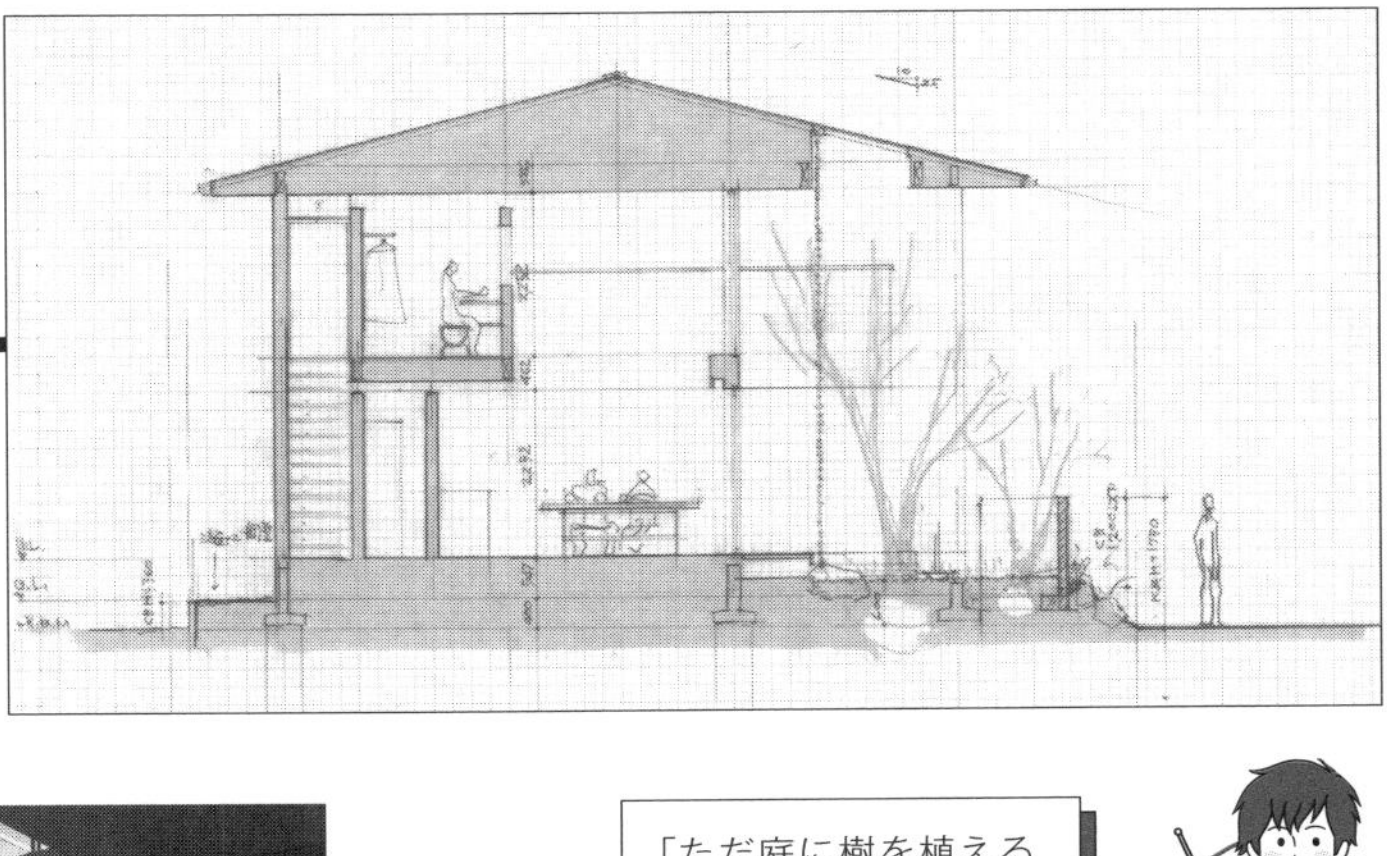

外構も含めて全体の設計をすることで……

庭と一体感のある家づくりが可能に！

「ただ庭に樹を植えるだけではダメ」ということです。建物と外構は、最初からセットで考えることが家づくりを成功させる基本です。

Column

# 担当設計士の変更ってアリ？

提案された間取りに納得できない場合は、担当の営業マンと相談して、設計士を変更してもらうこともアリです。ただし、担当設計士を変更しても、必ずしも提案が改善されるとは限りません。

全体像として、ハウスメーカー各社は地域によって設計力が高いエリアとそうでないエリアというのが存在します。たとえば、関東方面の設計力が低いハウスメーカーもありますし、一方で西日本方面の設計力が低いハウスメーカーもあります。

つまり、ハウスメーカーごとの設計力の差はもちろんのこと、地域ごとの設計力の差というのも間違いなく存在するということです。こういった理由から、担当設計士を変更したとしても、それが必ずしも良い結果に結びつくとは限らないのです。

また、ハウスメーカーによって得手不得手もあります。特定の外壁しか使えない、軒と天井を完全にフラットに繋げることができず段差が出てしまう、樹脂サッシを使えない、などです。

住宅営業マンは「ウチは何でもできます」「他のハウスメーカーができることはすべて対応できます」などと話すことがありますが、突き詰めていくと、会社によってできないことは結構あります。

担当設計士の変更はアリですが、そのハウスメーカーに固執せず、いっそ諦めて他社を検討した方が良いケースもあるでしょう。

Chapter 8

# 間取りを考える

STEP 56

# 家づくりの本質とは？

POINT

**家は、資産価値より「活用価値」が重要です。家族が上手に活用すればするほど、家の価値は大きくなっていきます。**

家は、資産価値よりも「**活用価値**」が重要であると私は考えます。

つまり、自分たちの人生の中で、家を上手に活用できればできるほど、その家の価値は増していくという考え方です。活用価値の高い家をつくるためには、家族だけが満足できる「**オリジナリティ**」と、家族が成長したときに対応できる「**余白**」の２つが重要なポイントになります。

これらを一言でまとめると、家づくりは「**インサイド・アウト**」であり、これこそが家づくりの本質だと考えます。インサイド・アウトとは、自分の内面が変わることで、外部にあるものを良くしていこうとする考え方です。

たとえば、今現在、欲しい物やあったほうが良い物はすぐに浮かんでくると思います。ただ、生活していく中で、大人も子どもも成長していきます。すると、今まで思いもしなかった内面の変化に気づくこともあるはずです。大人の場合、子どもが生まれたことで初めて気づいたことがたくさんあるでしょう。子どもの場合、成長過程で色々なものに興味を持ち、新しいことにどんどんチャレンジしていきます。その中で、自分の得意なことや好きなことを見つけていくわけですが、一方で興味は移ろいでいくものでもあります。

つまり、大人も子どもも、自身の内面の変化に気がつき、成長していくことで、必要なものも変わっていくわけです。だからこそ、オリジナリティと余白が必要で、家づくりの本質はインサイド・アウトになるわけです。

## 家の価値とは？

資産価値 ＜ **活用価値**

### 活用価値の高い家を作るために必要なこと

**① 家族のみが享受できるオリジナリティ**

・現在の家族が欲していることを、その家で実現できるかどうか

**② 家族の成長に合わせて対応できる柔軟性**

・子どもが生まれて、親である大人が初めて気づくことがあるかもしれない
・成長に合わせて、子どもがさまざまなことに興味をもつ可能性　など

## 建築家アントニン・レーモンド（※）が提唱した建築設計における５原則

① SIMPLE（単純）
② HONEST（正直）
③ DIRECT（直截《ちょくせつ》）
④ ECONOMICAL（経済的）
⑤ NATURAL（自然）

抽象的ですが、施主の立場でこの言葉を考えると、自分の内面にあるものに気づき、自分を磨くことで外にあるものが変わっていく「インサイド・アウト」で必要な５項目として捉えることもできます。

※ アントニン・レーモンド（1888-1976）…チェコ出身の建築家。近代建築巨匠のひとり、フランク・ロイド・ライトの助手として、旧帝国ホテル建設のために来日し、日本建築の発展に多大な影響と功績を残した。

STEP 57

# 屋根の形状やメンテナンス性能を考えよう

POINT

**屋根のルーフィングは高耐久の物を選ぶのがおすすめ。屋根の形状は、シンプルな方がメンテナンスは容易です。**

屋根は、日差しや雨から守ってくれる重要な部分です。屋根の構成は、一番下層に野地板と呼ばれる合板があり、その上にルーフィングと呼ばれる防水シートが施工され、一番上に瓦などの屋根材が載っているというものです。

多くの方が、瓦などの屋根材ばかりに目を向けがちですが、目を向けるべきは**ルーフィング**です。実は、営業マンによっては、こっそりとルーフィングのグレードを下げることで、見積もりを安くしているケースもあります。

ルーフィングの耐久年数は、低い物で10年、高い物で60年と差があります。その割に大きな価格差はありませんから、なるべく**高耐久のルーフィングを採用する**ことをおすすめします。ここを節約してしまうと、最悪10年などの短期スパンで屋根のメンテナンスをすることになります。これは、ハウスメーカーとメンテナンスのサブスクリプション契約を結んでいるのと同じですから、後になって高額なメンテナンス費用を請求されないようにするためにも、ルーフィングの仕様は必ず確認しましょう。

また、**屋根の形状はできるだけシンプルな方がメンテナンスしやすく、雨漏れのリスクも軽減**できます。個人的にはオーソドックスな寄棟がおすすめです。ただ、寄棟で外観を整えたいのなら、屋根勾配を緩くしたり、軒を伸ばしたりといった工夫は必要です。そのほか、太陽光パネルを大量に載せるなら、片流れ一択です。光熱費の削減に重きを置く場合は、片流れ屋根を選びましょう。

## ルーフィングとは？

**ルーフィング**

下葺き材とも呼ばれる屋根材の下に敷く防水シートのこと

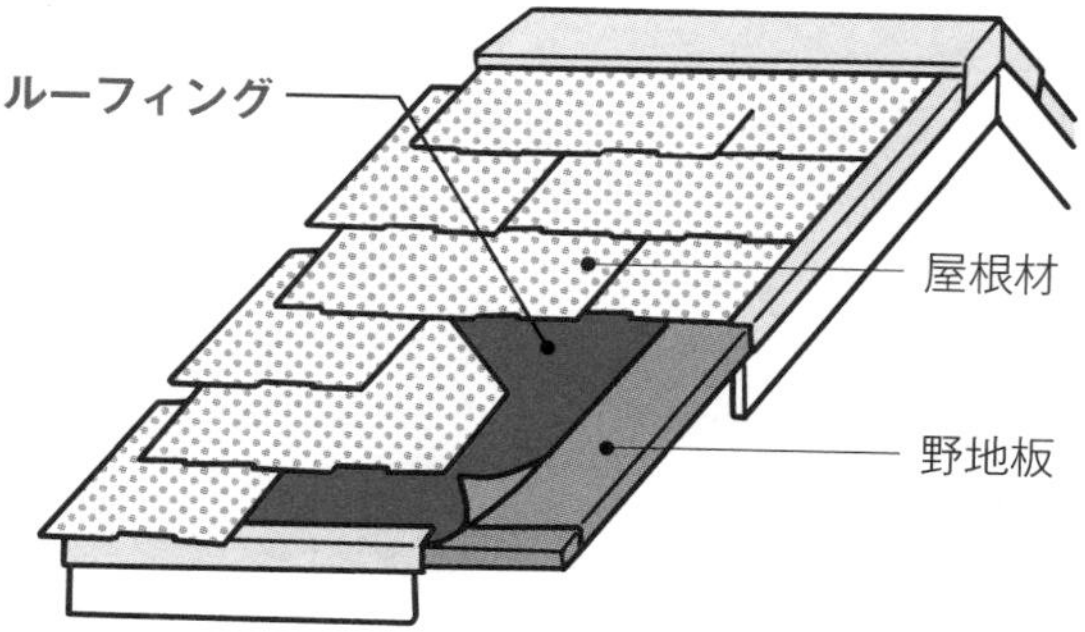


## ハウスメーカーで使われている主なルーフィング

### ①アスファルトルーフィング

・価格が安く、性能も標準的
・施工しやすいことからよく使われる
・耐用年数は**10年**ほど

### ②改質アスファルトルーフィング

・価格は①より少し高い
・耐用年数が**20〜30年**と①の倍以上
・止水性も①より高い

**多くのハウスメーカーは、見積もりに①か②を標準仕様で入れる**

### ③改質アスファルト2層

・価格は高い
・耐用年数は**60年以上**
・劣化のスピードが極めて遅い

家の大きさにもよりますが、20〜30万円程度で改質アスファルト2層に変更できるので、ケチらないことをおすすめします。

## 代表的な屋根の形状

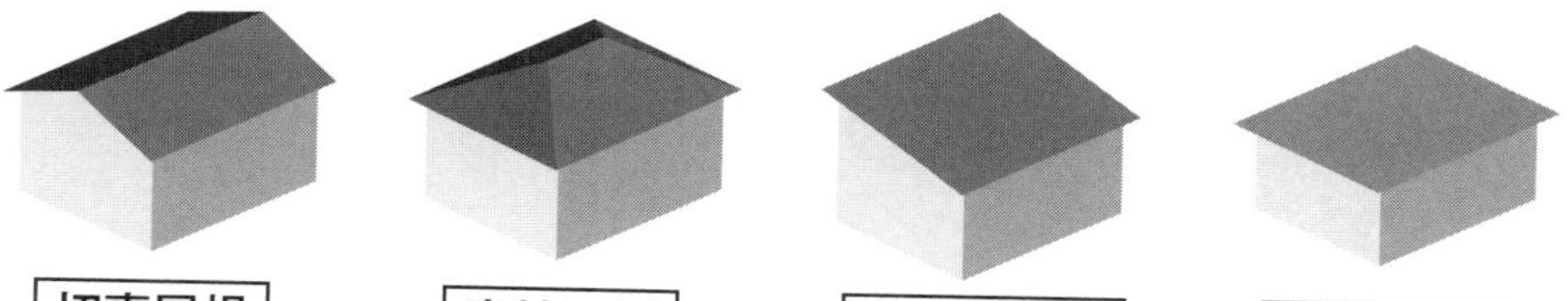

切妻屋根　寄棟屋根　片流れ屋根　陸屋根

STEP 58

# サッシ（窓枠）の種類を選ぼう

POINT

**昨今は住宅の省エネ化、高気密・高断熱化が進んでいるので、窓枠は、断熱性に優れ、結露しにくい樹脂サッシがおすすめです。**

窓は非常に重要度の高い部材です。建物の意匠性と機能性、両方に大きな影響を及ぼす部材だからです。

多くのハウスメーカーで採用されている窓枠が、外側がアルミ製、内側が樹脂製の**アルミ樹脂複合サッシ**です。このサッシは、窓枠を細くできたり、窓の高さを出せたりできます。建物の意匠性を高めやすい反面、金属のアルミ製のため、どうしても断熱性能では低くなります。

一方、外側も内側も樹脂でできた**樹脂サッシ**と呼ばれる窓枠があります。これはアルミ樹脂複合サッシよりも断熱性能が高い反面、窓枠部分がやや太くなる、窓の高さが出せないという特徴が存在します。

どちらも一長一短ありますが、基本的には**樹脂サッシの窓をベースに考えることをおすすめ**します。

昨今、住宅の高気密・高断熱化により、窓に結露が出やすくなってきています。アルミ樹脂複合サッシは、外気と室温の温度差が20度の場合、室内の湿度が52％以上になると結露します。樹脂サッシは、外気と室温の温度差が20度の場合、室内の湿度が73％以上になると結露します。つまり、住宅が高気密・高断熱化すればするほど、樹脂サッシのほうが結露リスクを軽減できるということです。

また、住宅業界では「樹脂サッシは劣化する」と言う営業マンが非常に多いですが、樹脂サッシは電線のカバーと同じ素材でできており、基本的に劣化しません。この手の営業トークは鵜呑みにしないよう気をつけましょう。

## 窓サッシとは？

**窓サッシ＝窓枠部分の総称**

≪補足≫
ガラスをはめこみ、取り付ければ機能する状態まで完成させた商品を「窓」と呼ぶ

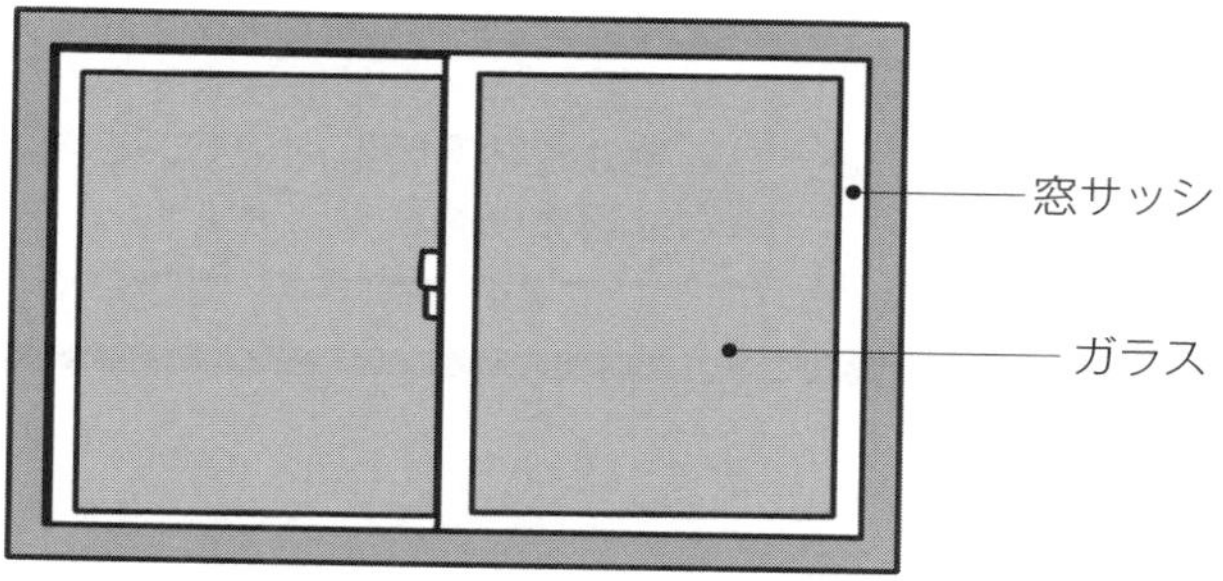


## 窓サッシの主な種類

| アルミサッシ | アルミ樹脂複合サッシ | 樹脂サッシ | 木製サッシ |
|---|---|---|---|

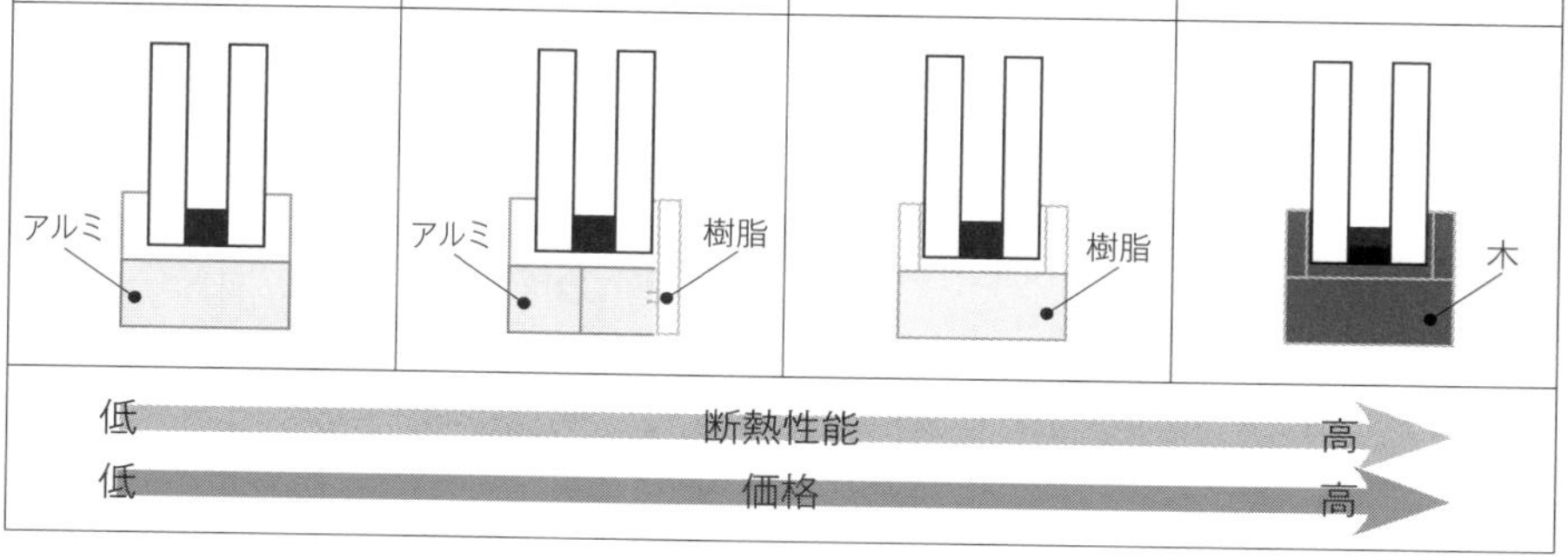


≪補足≫
最近では、樹脂サッシの方が、アルミ樹脂複合サッシよりも安くなるケースもある

多くのハウスメーカーが使っているのがアルミ樹脂複合サッシですが、最近では建物の機能性向上のために、樹脂サッシや木製サッシを取り入れる人も増えています。それぞれの特性を理解して、自分たちの最適解を見つけましょう。

STEP 59

# 窓の役割を考えてみよう

POINT

**現代は、家に通風用の窓を設けることはほとんどありません。各窓の役割を明確にして、必要な窓を見極めましょう。**

今は昔と違って、窓を開けて換気することはあまりありません。日本の住宅には24時間換気システムという設備が義務づけられているため、窓を開けずとも換気することができるからです。

しかし、日本では「風が通らないと湿気が抜けない」「湿気が抜けないと室内がカビる」という考え方が根強く、東西や南北など、直線で風が抜けるように窓を配置することがあります。この考えは、時代遅れです。日本は高温多湿であるうえ、花粉の影響もあるので、**窓を開けて外の空気が気持ち良いと感じる期間は、実は年間を通じてかなり短い**のです。

そのため、しっかりと時代を捉えている営業マンや設計士ほど、一部の例外を除いて、通風用の窓を設けることはあまりしません。余計に窓を設置すると、断熱性能の低下にも繋がります。

家づくりをする際は、**それぞれの窓にはどんな役割があり、窓から何を入れて、何を入れないのか**、これらをきちんと考えておきましょう。具体的な方法としては、「日射取得用窓」「採光用窓」「借景用窓」「視線を抜く用窓」という風に、それぞれの窓に「○○用窓」と名前を付けます。このとき、1つの窓で複数の役割が担えるとお得です。さらに、「庭へ出る用窓」「夏・冬の日射取得用窓」「道路からの視線いらない窓」というように、より詳細な窓の用途を書き足していきます。

こうすることで、必要な窓はどれなのか、軒・庇の有無、窓の位置や形などをどうすれば良いかが明確になります。

## 窓を開けて換気できますか？

**3〜4月**
暖かくなってくるが、3月はスギ、4月はヒノキの花粉が飛ぶ。家族に花粉症の人がいたら窓は開けられない

**5月**
かろうじて窓を開けて過ごせる

**6月**
梅雨に入り、窓を開けた日には室内の湿度90%、といったこともあり得る

**7〜9月**
気温も高く、湿度も梅雨と大差ない状態。基本的には窓を開けず、エアコンを使って過ごしているはず

**10月**
天気が良ければ窓を開けられるが、台風が多い時期

**11〜2月**
外気は寒く、乾燥するためほとんど窓は開けられない

**まともに窓を開けられるのは5月と10月くらい
1年のうちだいたい10カ月は窓を開けられない**

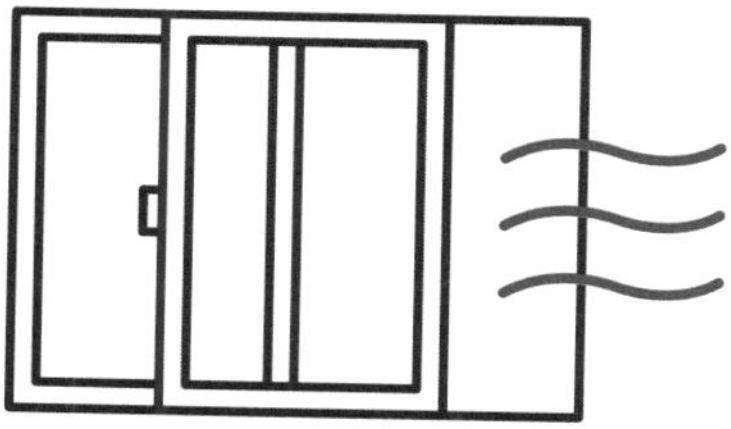

**現代は、通風用の窓の設置は基本的には不要**

だからこそ

**各窓にどんな役割が必要かをきちんと見極める**

窓の役割の見極め方として、各窓に「○○用窓」と名前を付けていき、窓から入れるもの（採光、借景など）と、入れないものを書き加えていく方法があります。1つの窓で複数の役割が満たせるとお得ですね。逆に、目的が明確ではない窓があったら、その窓は削減することも検討すべきでしょう。

STEP 60

# 階段の勾配や段差には注意！

POINT

**基準寸法によって、階段の勾配に差が出るので注意が必要です。工夫次第で、階段スペースはさまざまな有効活用が可能です！**

ハウスメーカーによって、採用している基準寸法は異なります。尺モジュールとメーターモジュールという2種類があることは、68ページでお伝えした通りです。

そのため、平面図で見ると、どのハウスメーカーも同じ大きさで間取りがつくられているように見えるのですが、実際の大きさは異なります。とくに、**階段の勾配《こうばい》に差が生じてきます**。

両者を比較すると、尺モジュールの階段の方が急で、メーターモジュールの階段の方が緩やかです。毎日使う階段の勾配は、日々の生活に直結する部分なので、必ず事前に確認しておきましょう。

また、どのハウスメーカーにも共通していえることですが、階段の勾配をさらに緩やかにすることが可能です。ただし、造作階段という扱いになり、追加で200万円くらいの増額になる場合があります。日々の生活のしやすさを優先するのか、それともコストを優先するのか、この辺りは見積もりを出してもらって検討しましょう。

また、もし階段にこだわるのなら、階段を上り下りにしか使わないのは非常にもったいないです。**階段スペースは、アイデア次第でさまざまな有効活用が可能**です。

たとえば、階段の1・2段目を広げて、リビングを取り囲むようにベンチを設計したり、階段の壁面に収納棚をつくって見せる収納にしつつ、段差に腰掛けて読書できるライブラリースペースとしたり……。せっかくコストをかけるのであれば、上り下り以外にも活用価値を高める階段をデザインしましょう。

## 階段の勾配による違い

### 建築基準法の階段

**蹴上げ：23㎝ 以下**
**踏面　：15㎝ 以上**

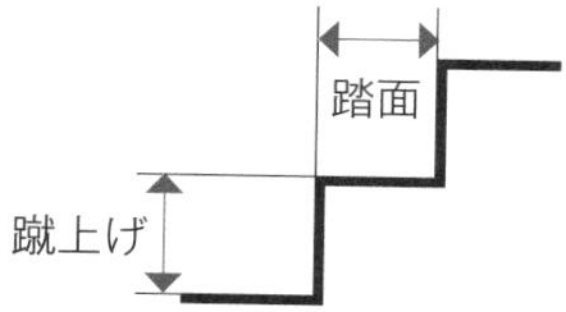


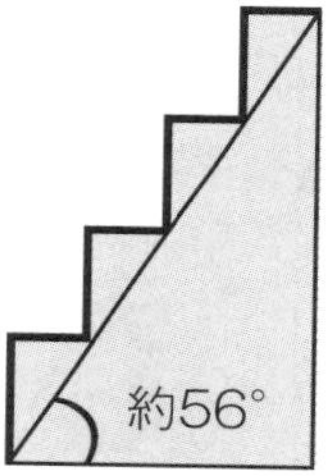


建築基準法の最低限度だとかなり急な階段になる

勾配を緩くする（蹴上げを小さくし、踏面を広くする）と、段数が増える

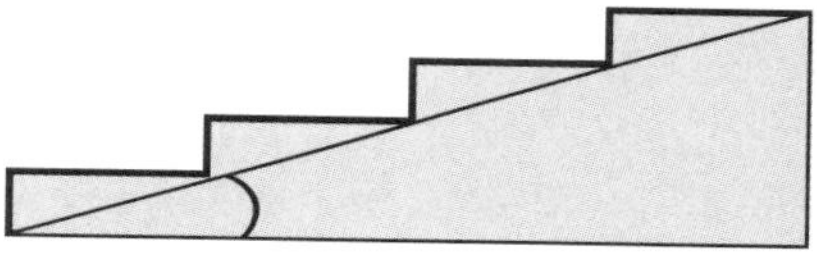

緩くするためには「造作階段」という扱いになり、追加で200万円ほど増額になる場合がある

## 階段を上り下り以外に活用する方法

**ライブラリースペース**
階段の壁面に収納棚をつくって、見せる収納に。段差に腰掛けて読書のスペースにも。

STEP 61

# 動線を工夫して、家事負担を軽くしよう

POINT

**共働き世帯が増える中、快適な暮らしを実現するには、家事動線の工夫が欠かせません。仕組み化により、夫婦仲も円満に！**

共働きが一般化し、夫婦間で家事を分担する家庭が多くなってきていますが、家事負担の割合は、いまだに女性の方が大きいのが実情ではないでしょうか。一方、男性は「自分はちゃんと家事をやっている」と考えている節があり、夫婦間に意識差が生じていることも珍しくありません。

私が今まで耳にした細かい家事の例として、ティッシュ箱が空になっているのに捨てない、トイレットペーパーが切れているのに入れ替えない、服が脱ぎっぱなし、汚れたタオルを取り替えない……などがあります。どれも一つ一つはたいしたことないように思えますが、小さな不満が積み重なると、夫婦仲が悪くなってしまうこともあるわけです。

この問題の解決手段として、**家事動線**の工夫があります。お互いに時間にも気持ちにも余裕がない中、日々の細かい家事が積み重なって負担を感じてしまうのですが、家事動線を考えた間取りにすることで、それらの問題の解決を図ることができます。

たとえば、家族の動線上に、それぞれの「専用片付けロッカー」を設けて、帰宅後に自然と片付けするような流れをつくったり、リビングに脱ぎっぱなしの衣類が散らからないよう、必ずファミリーユーティリティ（家事室）を通り、そこで上着や洗濯物を処理してから、リビングに入るように間取りを設計したりする、などです。

家族とはいえ、人の性格や行動を変えるのは難しいものです。だからこそ、徹底した仕組み化により、**家事負担をなるべく軽減**しましょう。

## 帰宅後の家事シェア動線の例

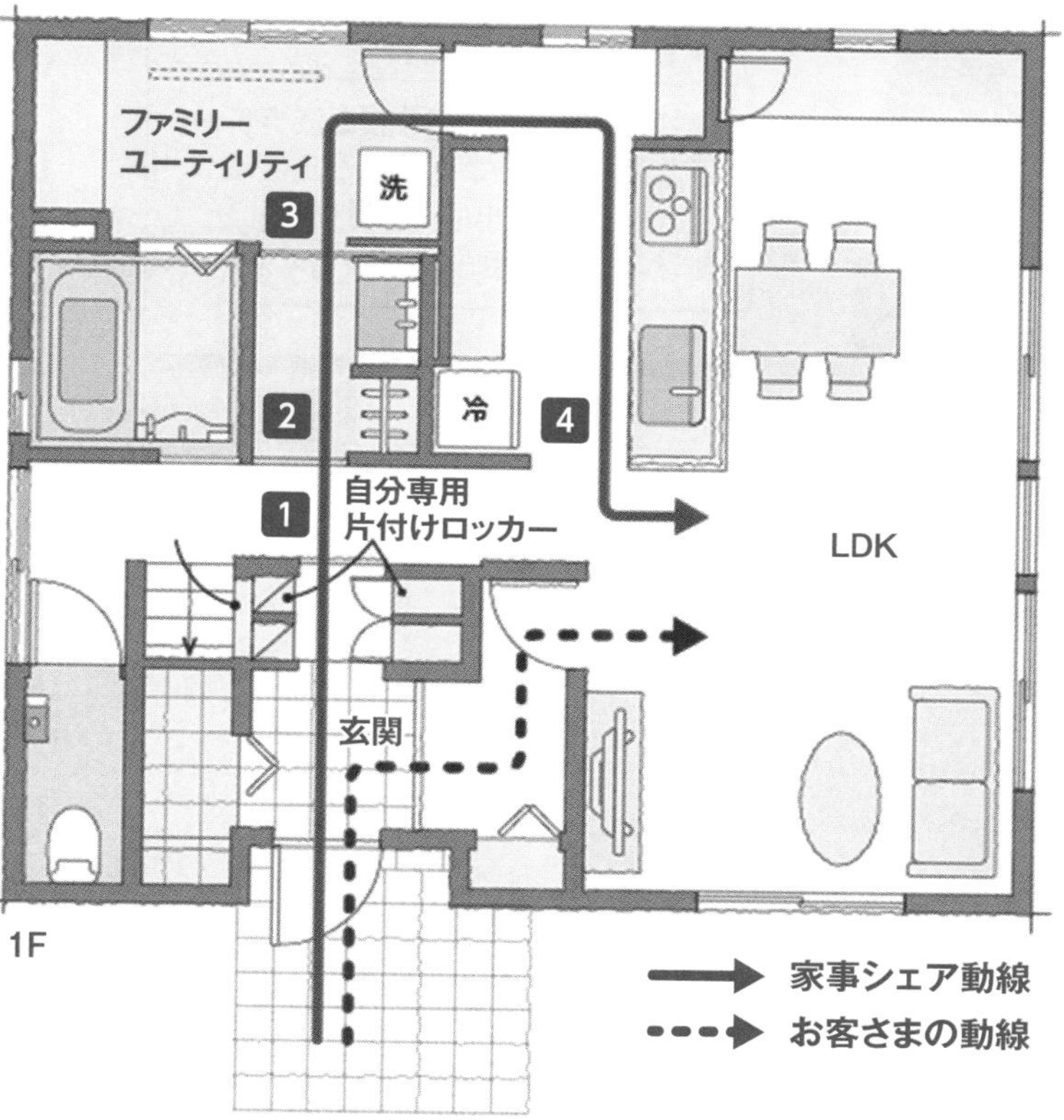


1 帰ったらまずは脱いだ靴を「自分専用片付けロッカー」へ
2 コートや上着は「ファミリーユーティリティ」に仮置き
3 手や顔を洗って部屋着に着替えたら、着ていた服は洗濯かごへ
4 リビングに入るときはすっかりきれいに片付いた状態に！

帰宅後に玄関からリビングへ直行すると、ついつい上着や身につけていたものを散らかしてしまいがちです。しかし、帰ったらすぐ、靴やかばんの収納、手洗い、着替えなどを経てからリビングに行く流れをつくることで、小さな家事を減らすことができます。徹底的な仕組み化で、夫婦仲を円満にしましょう！

STEP 62

# 収納を考える前に、物を減らせないか考える

POINT

最初に考えるべきは「物を減らすこと」。収納をつくりこみすぎると、かえって小回りの利かない無駄な空間を生み出しがちです。

家を建てた後、「収納が足りなかった」と不満や後悔を募らせる人がいます。

しかし、収納を大きくするほど物は増え、捨てる機会も失われてしまいます。建物だって、無限に大きくできるわけではありません。優先すべきは収納をつくることではなく**「持ち物を減らすこと」**であり、それでも収納が足りないのであれば収納をつくる、という考え方が適切ではないか、ということです。

こう言うと、「そんなことはわかっているけど、持ち物を簡単には減らせないから、安心できるだけの収納スペースが欲しいんだ」という声が聞こえてきそうです。気持ちはわかりますが、少し力みすぎです。

建物の断熱・気密性能など、**後から変えることができないものは、最初に突き詰めて考える必要**があります。しかし、家族の成長や暮らしの変化に伴い、収納する物や量は変化していきます。そのため、最初に収納をつくりこみすぎると、長い目で見たときに、**かえって小回りの利かない無駄な空間を生む**ことにもなりかねません。

そこでおすすめしたいのが、**「可変性のある間取り」**です。ハウスメーカーから間取りを提案されたら、「将来的に追加で収納を設けられる余白があるか」と、確認しておくと安心です。収納が不足するというリスクを軽減することができます。

また、物を整理していくと、常に室内に置いておかなければならない物は意外と少ないことに気が付きます。その場合は、庭に物置きを設置して、屋外で大丈夫な物はそこに収納してしまうのもアリです。

## 収納スペースは多ければ多いほどよいわけではない

### ①収納スペースを増やす前に、物を「減らす」ことが大切

・収納スペースが大きくなるほど、物は増えてしまう
・そもそも、建物の大きさは限られている
・物を減らすことで、家全体がすっきりとした空間になる

### ②将来を見据えて「可変性」のある間取りにしておく

・最初から収納スペースをつくりこみすぎると、小回りの利かない無駄な空間を生みだしてしまうリスクがある
・子どもの成長に合わせて、持ち物は増えたり、変化したりしていく
・将来的に収納スペースを追加でつくれる間取りにしておく

ハウスメーカーに間取りを提案されたら、「追加で収納スペースは設けられますか？」と確認しておこう

## 持ち物を減らすために確認すべきポイントの例

**●衣類**
・1年以上着ていない服はないか

**●寝具**
・布団や毛布の枚数は適切か

**●飲食品・日用品**
・消費期限の過ぎているものはないか
・必要以上にストックしていないか

**●食器**
・ほとんど使っていない食器類はないか
・頻繁に使うものだけを残せないか

**●家具**
・新居の雰囲気にマッチしているか
・小さな子どもの危険になっていないか

**●家電**
・ほとんど使っていない家電類はないか

**●趣味（釣り、スポーツ用品、書籍など）**
・屋外の物置に移動できないか　など……

物があふれてゴチャゴチャしていては、せっかくの新居でも落ち着きませんよね。家づくりをよい機会と捉え、適正な持ち物・収納スペースの量を見極め、すっきりとした空間づくりを目指しましょう。

Column

# 子ども部屋、どうする?

子ども部屋をつくることが、必ずしも子どものためになるとは限りません。

子どもが成長して、自室が欲しくなったとき、もし自室がなかったら、何か方法はないかと考えるでしょう。親に交渉したり、他の何かで代用したり、親と一緒になってDIYをしたり――さまざまな試行錯誤をする機会になるはずです。最初から子ども部屋を与えてしまうと、子どもの成長の機会を奪う可能性を秘めているのではないか、と私は考えています。

私には双子の娘がいます。以前はかわいさのあまり、つい玩具を買い与えてしまっていました。しかし、妻が「買わなくても自分たちで工夫して遊んでいるよ」と教えてくれたのです。その言葉の通り、家にある物を工夫して上手に活用する娘たちの姿を見て、子どもの想像力を削ぎ、成長の機会を奪っていたのだと反省したことがあります。

こういった経験からも、「将来的に子ども部屋にもなるスペースをつくる」というのが私の持論です。個室が欲しいと思うかは子どもによって異なりますし、未来のことは誰にもわかりません。暮らしが変われば、必要な物も変わります。だからこそ、変化に柔軟に対応できるよう、改良できる余白があった方が、家自体の価値も上がるわけです。

もちろん、これはあくまで私の持論にすぎません。子ども部屋に対する考え方は色々あります。子ども部屋は最小限で良い派、子ども部屋は大きくないとかわいそう派、など……。正解はありませんが、さまざまな角度から子ども部屋の在り方を考えてみてください。

# Chapter 9

# 設備・仕様を考える

STEP 63

# 家の断熱仕様を確認しておこう

POINT

**断熱性能は高いほど、快適な暮らしを実現できます。ハウスメーカーの断熱仕様は必ず確認し、グレードアップも検討しましょう。**

断熱性能は、外気の暑さや冷気を室内に入れないよう遮断する能力のことです。断熱性能が高ければ、家の中の温度が外気に大きく左右されず、**夏は涼しく、冬は暖かい空間**になりやすくなります。

冬の場合、断熱性能の高い家は、家電などから発せられる熱によって自然と室内が暖かくなります（内部発熱）。また、夏は日射を室内に入れないように遮り、冬は日射を室内に入れるように設計することで、冷暖房器具の負荷を軽減した省エネ性能の高い暮らしが実現できます。

電気料金高騰の影響もあり、**住宅の省エネ性能を考えることはマスト**になってきています。断熱の基本が床、壁、天井の3つであることは、54～55ページで説明した通りです。自分が検討しているハウスメーカーの基本的な断熱性能がどのようになっているのかは、早い段階から確認しておく必要があるでしょう。

そのほか、ぜひ確認していただきたいのが、**断熱仕様のグレードアップはできるのか**、という点です。ハウスメーカーによって、さまざまな断熱仕様を用意しています。もし提案された断熱仕様に不安が残るようでしたら、部分的にでも断熱材の種類や厚さをグレードアップすることが可能か、営業マンに相談してみるとよいでしょう。ハウスメーカーや営業マンによっては、柔軟に対応してくれます。

もし、断熱材のグレードアップが難しければ、杉や檜など針葉樹系の無垢床を採用して断熱性能の向上を図るなど、別の方法で補う必要があります。

## 断熱性能の高い家は、夏は涼しく、冬は暖かい

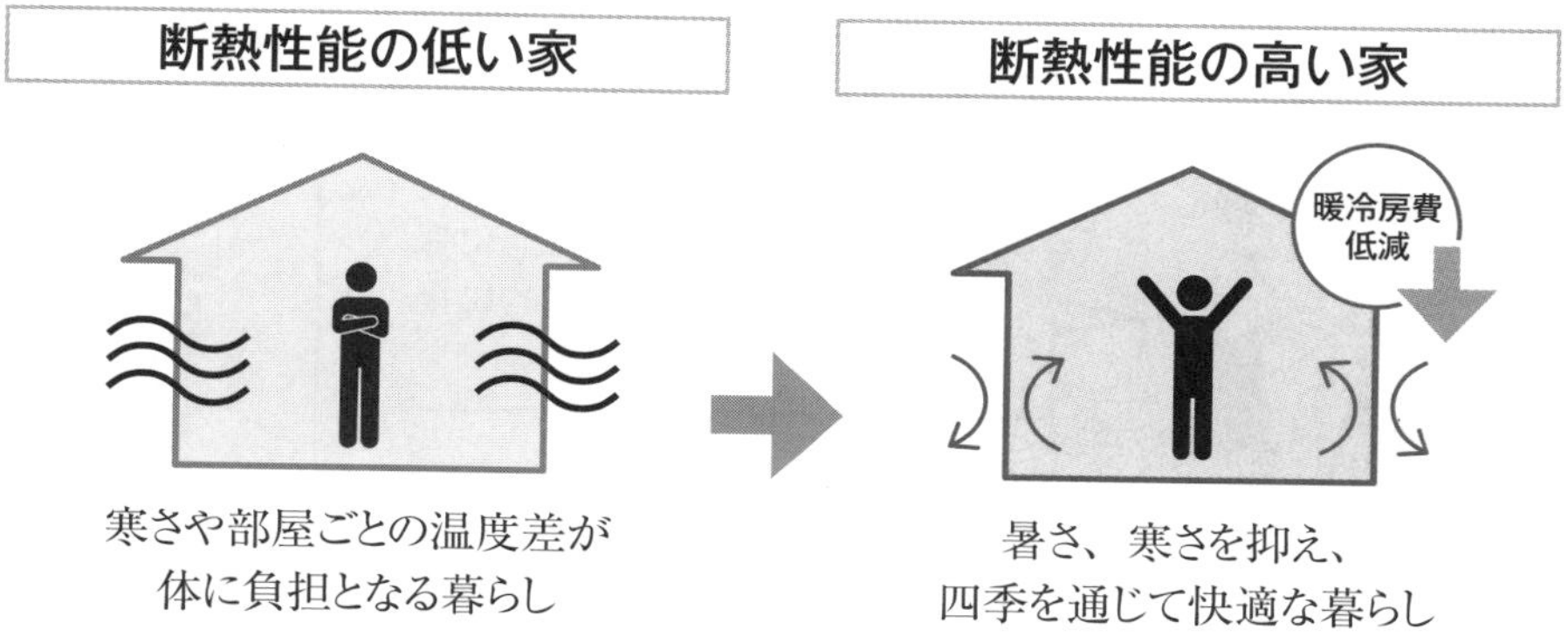


## 住宅性能表示制度 断熱性能等級

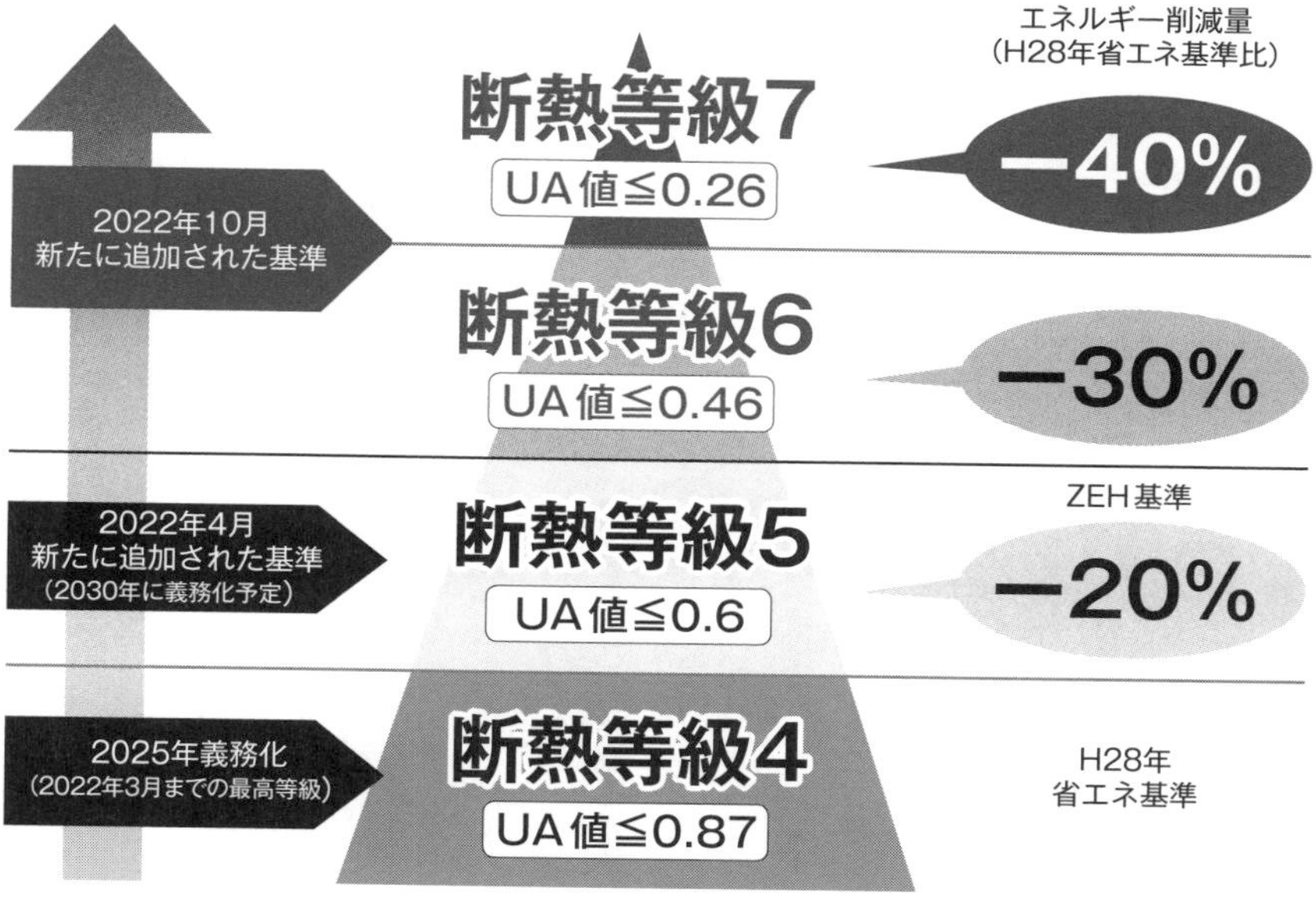


※UA値：地域区分5・6の場合

自分が選んだハウスメーカーの標準的な断熱仕様はどうなっているのか、また壁や天井、床など、部分的にでも断熱仕様をグレードアップできるかなど、確認しておきましょう。

STEP 64

# 気密性能を考えよう

POINT

気密性能の高い家は、家の隙間が少ないため、室温を快適に保ちながら、計画的・効率的に換気を行うことが可能です。

気密性能とは、**住宅の隙間をできる限り減らし、外と室内の空気の出入り口を少なくしているかを示す性能**のことです。家の気密性能が高いと、室内の温湿度の調整がしやすくなるほか、計画的かつ効率的に換気を行うことができるようになります。

一方、気密性能が低いと、室内の温湿度の調整が難しくなり、ダニ、ノミ、ゴキブリなどの害虫がわいたり、カビが発生しやすくなったりします。換気についても、隙間風により気流が乱れ、室内の空気が滞留しやすくなるとされています。

気密性能は非常に重要な要素ですが、ほとんどのハウスメーカーが、気密施行を行っていません。これは、大手ハウスメーカーも例外ではありません。

また、ハウスメーカーによっては、気密施工ができる仕様があるにもかかわらず、営業マンのリテラシーが低いせいで、その仕様が選ばれず、施主に何も説明がなされないまま着工されてしまうケースもあります。そのため、ハウスメーカーを選ぶ際は、**きちんと気密施工がされるのかどうか**、後悔しないようにするためにも、この部分は必ず確認するようにしましょう。

最近では、現場レベルで住宅の気密性能を上げるために、さまざまな工夫をしている営業マンもいます。外部メーカーの窓を積極的に使って気密性能を確保しようとする方や、玄関扉や窓サッシの気密性能を上げるために工事現場へ根回ししている方などです。ここでも、担当営業マンのレベルによって、対応に差が生まれることは覚えておくと良いかもしれません。

## 気密性能の高い家は、湿度調整がしやすく、換気効率もよくなる

### 気密性能の低い家

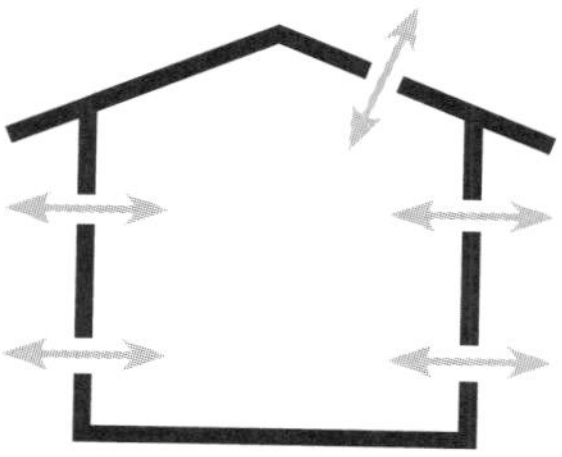

・隙間が多く、風の通り道が定まらず、効率の悪い換気
・湿度調整が難しく、害虫やカビが発生しやすい

### 気密性能の高い家

・隙間が少ないので風の通り道が定まり、換気効率が高まる
・湿度調整もしやすくなる

## 気密性能のレベルを示す値「C値」

### C値（相当隙間面積）

住宅の気密性能を示す数値。建物の延床面積に対する隙間面積の割合で、小さいほど気密性能が高い

$$C値 = \frac{\text{建物全体の隙間の合計（㎡）}}{\text{建物の延床面積（㎡）}}$$

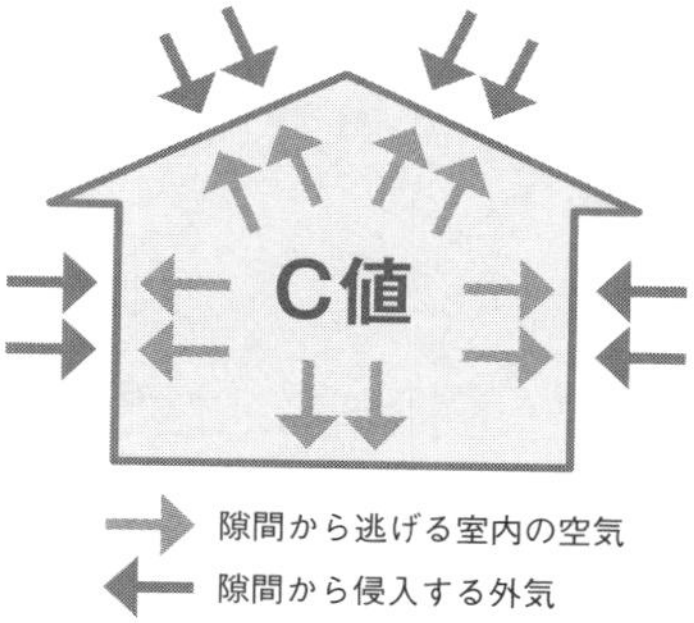


**参考**

### UA値（外皮平均熱貫流率）

住宅の断熱性能を示す数値。家の表面から熱がどれほど逃げているかを示す数値で、小さいほど断熱性能が高い（63ページ参照）。

$$UA値 = \frac{\text{建物から逃げる熱（W/k）}}{\text{外皮表面積（㎡）}}$$

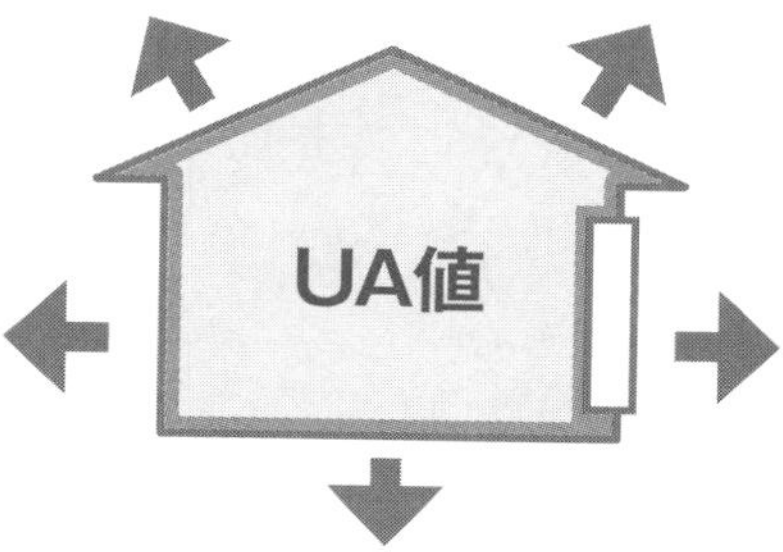

STEP 65

# 換気計画を考えよう

POINT

**コストの都合などから第3種換気を選択する場合は、給排気口の位置を工夫することで、デメリットを軽減することができます。**

換気は、室内の空気を入れ替え、循環させる役割を果たしてくれます。換気計画がうまくできれば、家の中の温度ムラを軽減することができます。

逆に換気計画が適当だと、室内の空気の入れ替えがうまくできなくなるのはもちろん、夏に高温多湿な空気が入ってきたり、冬に冷気が床を這うように入ってきたりと、室内の快適性が大きく損なわれることになってしまいます。

全館空調を推奨しているハウスメーカーの場合、換気・空調の設計が得意な傾向にありますが、全館空調が得意でないハウスメーカーは、換気・空調に対する考えが雑に感じるケースがあります。

営業マンや設計士が、施主に「第3種換気でも十分です」と根拠なく言っていることもあります。確かに、建物の気密性能が十分確保されているうえで、**給排気口の位置を工夫**すれば、第3種換気でも大丈夫な場合はあります。

たとえば、給気口の位置の工夫として、**エアコンの真上に設置する**というのがあります。外から入ってきた空気をエアコンがすぐに冷やしたり温めたりしてくれるので、第3種換気の弱点である「外の空気をそのまま室内に取り入れてしまう」というデメリットを軽減できます。

また、排気口に関しても、たとえば**寝室の収納内に設置**することで、滞留しやすい収納の中の空気も換気してくれます。

こういった工夫を取り入れたうえで、第3種換気を勧めているなら良いですが、そうでない場合、注意が必要です。

## 第３種換気にする場合は、給気口・排気口の位置が重要

### 第3種換気

### 第３種換気のイメージ

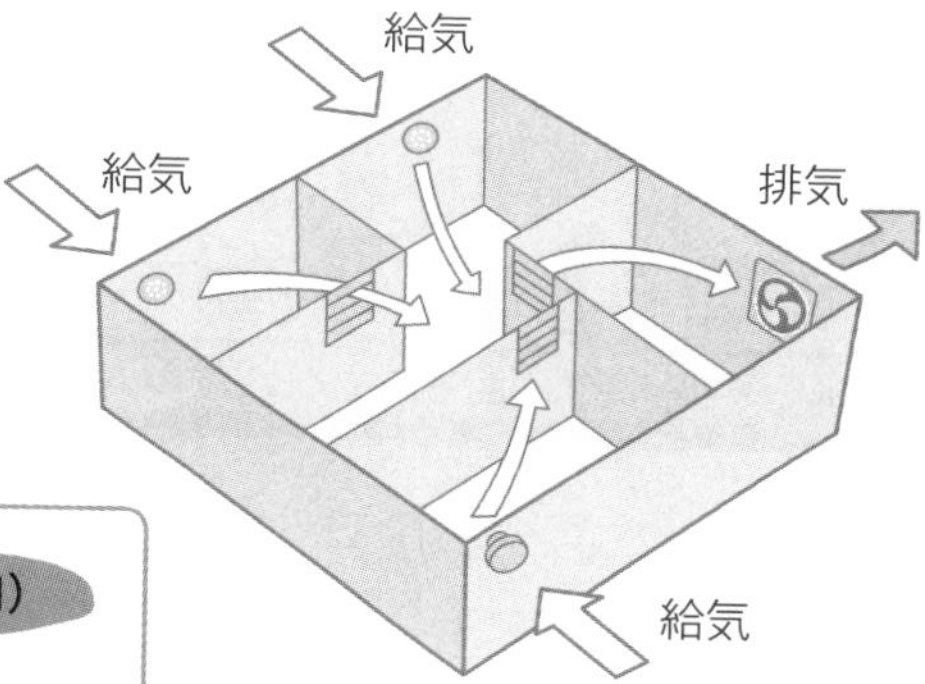


機械で排気することによって、自然に給気する仕組み。最も普及している換気システム。

**給気（取り込み口）**
自然

**排気（排出口）**
機械式

### 【第３種換気における空気の流れの例】

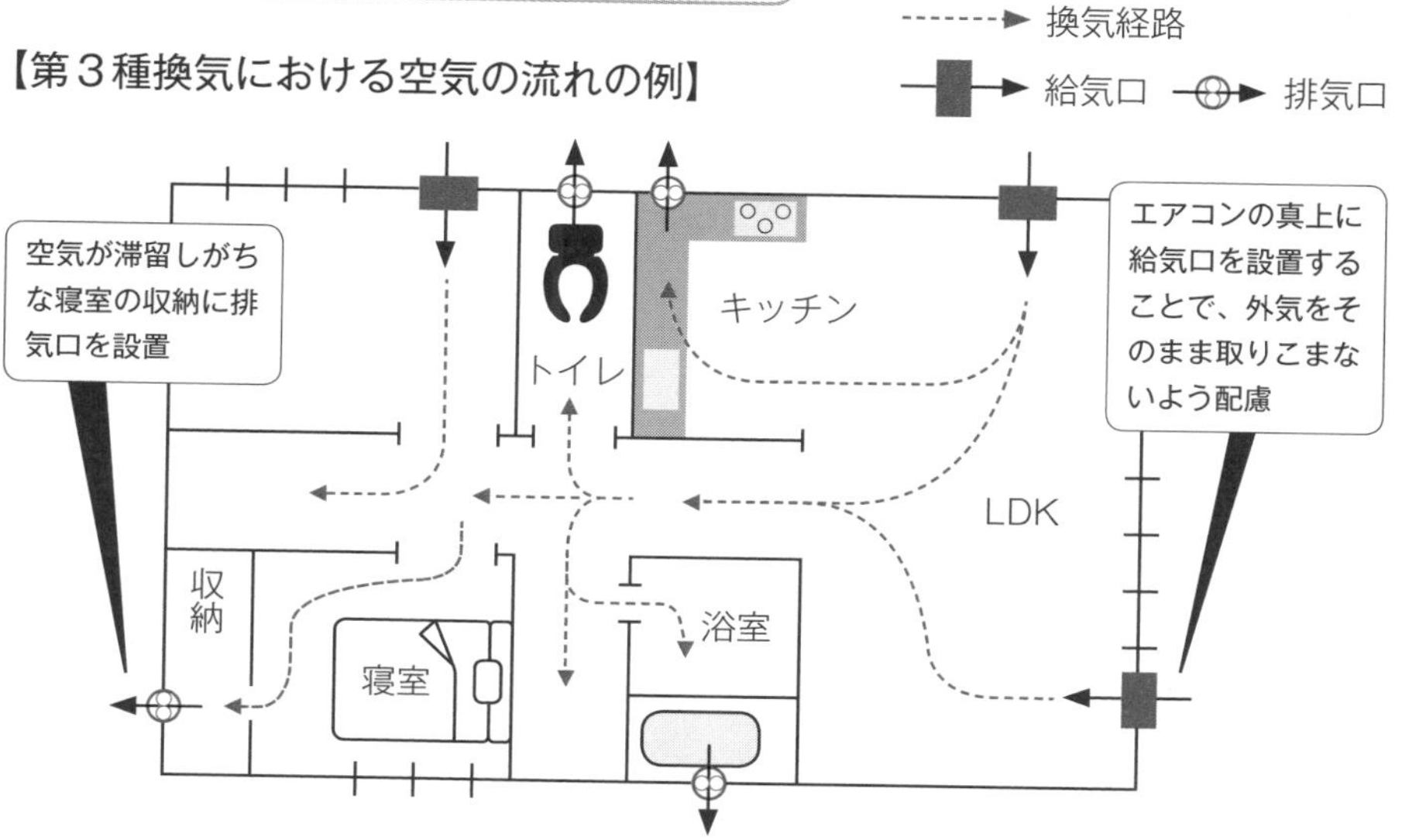


「第１種換気はランニングコストがかかりますし、第３種換気で十分ですよ」と根拠なく言ってくる営業マンには注意です。換気環境は、家族の健康に直結します。第３種換気を採用する場合でも、給気口・排気口の位置はチェックしましょう。

Check!

STEP 66

# 空調計画を考えよう

POINT

**全館空調を導入しない場合、間取りやエアコンの位置を工夫することで、冷たい空気や暖かい空気を効果的に家中に送ることができます。**

今までは、部屋ごとに家電量販店で売っているようなエアコンを設置する手法が基本でした。いわゆる「**個別空調**」といわれるシステムで、部屋ごとに温度調節ができるメリットがあります。一方で、個別空調の場合、エアコンの電源を頻繁に入れたり切ったりすることになるのですが、エアコンは電源を入れる瞬間が最も電気代がかかります。そのため、電気代の負担が大きくなってしまう可能性があるのです。

そうならないようにするためには、家全体の空調管理を一括で行う「**全館空調**」を導入するか、あるいは**間取りとエアコンの位置を工夫する**ことで解決を図るか、基本的にはこのどちらかになります。

間取りとエアコンの位置を工夫して解決を図る場合、やはり担当の営業マンや設計士のリテラシーによって、提案内容に大きな差が生じます。

よくある解決策が、**吹き抜け空間を効率的に活用する**方法です。冷たい空気は下に行き、暖かい空気は上に行くという特性があります。この特性を活用して、たとえば夏は2階から空気を吹き下ろすような位置にエアコンを設置することで、家全体を効率的に冷やすことができます。

吹き抜けがない場合は、階段スペースにエアコンを設置するというやり方もあります。同じように高低差を利用して、エアコン位置を工夫することで、効率的に冷たい空気や暖かい空気を家中に送ります。

そのほか、**換気用の給気ファンとうまく連動するようにエアコンを設置**し、家中に空気を送り込む方法などがあります。

## 全館空調と個別空調

### 個別空調

・部屋ごとの温度差が大きくなる
・エアコンの台数だけ室外機が必要
・部屋ごとに温度設定が可能
・設置が比較的容易

### 全館空調

・家中どこでも快適な温度が保たれる
・換気もされるので空気も清浄
・初期費用が掛かる
・部屋ごとに温度設定はできない

## 空調を効率化させる間取りとエアコン位置の工夫

### ①吹き抜けを活用する

冷たい空気は下に、暖かい空気は上に流れる特性を利用してエアコンを設置する

### ②階段スペースを活用する

1〜2階の繋がりを利用して、①と同じ原理でエアコンを設置する

### ③第1種換気の給気口を活用する

外気を取り込む機械給気口（ファン）の近くにエアコンを設置し、家中に空気を送り込む

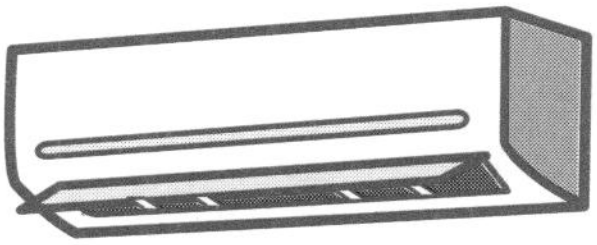

上記のように、個別エアコンの位置や、第1種換気の配置方法によっては、「全館空調モドキ」のような空調システムをつくることは可能ですが、それを提案できるかどうかも、やはり担当営業マンのレベル・リテラシーによります。

STEP 67

# 畳数通りのエアコンはいらない!?

POINT

**エアコンの畳数目安は約60年間変わっておらず、部屋が20畳だからといって、20畳用のエアコンを選ぶ必要はありません！**

ハウスメーカーとエアコンについて打ち合わせをしていると、部屋の畳数通り、もしくは畳数以上のエアコンを提案されることがほとんどです。たとえば、20畳のLDKに対して、20畳用のエアコンを提案するという具合です。

一見すると何も間違ってないように思えますが、**エアコンの畳数目安は1964年に制定されて以来、一度も見直しされることなく、現在までその基準が用いられています。**約60年前の制定当時から、現在の建物の断熱・気密性能は比較にならないほど進化しています。そのため、リビングが20畳だからといって、そのまま何も考えずに20畳用のエアコンを買ってしまうと、余計な電力を消費することになってしまい、電気代で損することになりかねません。

結論から言えば、「6畳」「10畳」「14畳」の3種類からエアコンを選べば、ほぼ間違いはありません。

実際、私の自宅には大きな吹き抜けがあり、1・2階合わせて約50畳あります。そこまでの大空間だと、エアコンが効かなくて住み心地が悪そうと思われるかもしれませんが、約50畳の空間を、夏も冬も6畳用エアコン1台で賄《まかな》えてしまっています。

風量は自動設定で、設定温度は24度、湿度が高めのときは再熱除湿設定にして放置です。過剰にエアコンの風量を上げたり、設定温度を下げたりもしていません。

もちろん、断熱・気密・換気性能をきちんと整えているというのもありますが、必ずしも**畳数通りのエアコンを設置する必要がない**ことはわかるかと思います。

## エアコンは単純に「畳数」だけで選んではNG

### カタログで見る部分

**①能力**
・カッコ内の数字が実際の冷暖房能力の最大値と最小値

**②消費電力**
・カッコ内の数字が消費電力の可変範囲

**③APF**
・エネルギー性能を表した指標で、数値が大きいほどエネルギー消費効率が優れている

単相100V電源
冷暖房時 **6** 畳程度
**AA-XXX**
室内機：AA-XXX
室外機：BB-xxx

| 期間消費電力量 | 目標年度 | 省エネ基準達成率 | APF ③ |
|---|---|---|---|
| 562kWh | 2027年度 | 112% | 7.4 |

| | 畳数の目安 | 能力 ① | 消費電力 ② |
|---|---|---|---|
| 暖房 | 6～7畳 (9～11㎡) | 2.5kW (0.3～0.6) | 430W (110～1,490) |
| 冷房 | 6～9畳 (10～15㎡) | 2.2kW (0.4～3.5) | 400W (115～900) |

これら4台を比較して……

単相100V電源
冷暖房時 **8** 畳程度
**AA-XXX**
室内機：AA-XXX
室外機：BB-xxx

| 期間消費電力量 | 目標年度 | 省エネ基準達成率 | APF |
|---|---|---|---|
| 639kWh | 2027年度 | 112% | 7.4 |

| | 畳数の目安 | 能力 | 消費電力 |
|---|---|---|---|
| 暖房 | 6～8畳 (10～13㎡) | 2.8kW (0.3～6.0) | 490W (110～1,490) |
| 冷房 | 7～10畳 (11～17㎡) | 2.5kW (0.4～3.6) | 490W (115～920) |

単相100V電源
冷暖房時 **10** 畳程度
**AA-XXX**
室内機：AA-XXX
室外機：BB-xxx

| 期間消費電力量 | 目標年度 | 省エネ基準達成率 | APF |
|---|---|---|---|
| 725kWh | 2027年度 | 110% | 7.3 |

| | 畳数の目安 | 能力 | 消費電力 |
|---|---|---|---|
| 暖房 | 8～10畳 (13～16㎡) | 3.6kW (0.3～6.9) | 680W (110～1,995) |
| 冷房 | 8～12畳 (13～19㎡) | 2.8kW (0.4～4.1) | 560W (115～1,210) |

単相100V電源
冷暖房時 **12** 畳程度
**AA-XXX**
室内機：AA-XXX
室外機：BB-xxx

| 期間消費電力量 | 目標年度 | 省エネ基準達成率 | APF |
|---|---|---|---|
| 1,016kWh | 2027年度 | 101% | 6.7 |

| | 畳数の目安 | 能力 | 消費電力 |
|---|---|---|---|
| 暖房 | 9～12畳 (15～19㎡) | 4.2kW (0.3～6.9) | 890W (110～1,995) |
| 冷房 | 10～15畳 (16～25㎡) | 3.6kW (0.4～4.2) | 825W (115～1,240) |

### 6畳用と8畳用はどっちを買う？

**冷暖房の能力範囲はほぼ同じ（8畳用が冷房能力が0.1高い程度）**

→にもかかわらず、冷房の消費電力範囲は8畳用が20W高い
**→APFも同じなので、6畳用で問題ない**

### 10畳用と12畳用はどっちを買う？

**冷暖房の能力範囲はほぼ同じ（12畳用が冷房能力が0.1高い程度）**

→にもかかわらず、冷房の消費電力範囲は12畳用が30W高い
**→APFも10畳用のほうが高いので、10畳用で問題ない**

エアコンの効率を最大化させるには、断熱性能、気密性能、換気性能を整えた前提ではありますが、くれぐれも担当者の言いなりにならず、畳数だけを基準にエアコンを選ばないように注意しましょう。

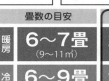

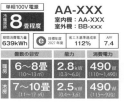

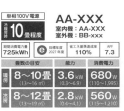

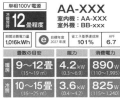

STEP 68

# 給湯器、太陽光パネル、床暖房はどうする？

POINT

**給湯器は「おひさまエコキュート」や「エコワン」を選択するのがトレンド。太陽光パネルは、７～８ｋＷあると安心です。**

ここ最近、住宅に導入する設備に関して、トレンドの変化が起きています。

たとえば、**給湯器**はオール電化なら「**おひさまエコキュート**」、ガス併用なら「**エコワン**」を選択するのがトレンドです。

搭載する**太陽光パネル**は、自家消費を考えると**７～８ｋＷ**あると安心です。家の大きさや屋根形状にも左右されますが、太陽光パネルは「**なるべくたくさん載せる**」のが基本になっています。ハウスメーカーによっては、蓄電池を安く導入できる場合もあるので、ぜひ検討しましょう。

**床暖房**については、まず床暖房を考える前に、**床下の断熱材を厚く**したり、**無垢床**や**断熱タイル**を入れたりすることで、床の底冷え対策をしましょう。それでも必要なら床暖房を検討するという流れが吉です。

これらのトレンドは、昨今の光熱費の高騰と今後のことを考えて、なるべく光熱費をかけないための最適解を出そうとした結果だと思います。

少し前までは、給湯器は「エネファーム」を採用し、ガス会社に床暖房をサービスしてもらうのがトレンドでした。また、床下の断熱材による補強はなく、太陽光は「4kWで十分」という認識でした。さらにいえば、「太陽光は売電価格も下がっているので搭載しなくてよし。蓄電池は価格が高いので入れる価値なし」というトークをする営業マンもいました。

現在と比較すると、かなり状況は変わってきています。人によって最適解は異なりますが、トレンドにはそれなりの背景があるので、一応チェックしてきましょう。

## 給湯器・太陽光パネル・床暖房の最近のトレンド

### ①給湯器

オール電化なら ……**「おひさまエコキュート」**
ガス併用なら ………**「エコワン（ECO ONE）」**

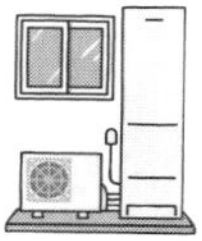

**おひさまエコキュート**
- 2022年2月に発売された新しい「自家消費型」のエコキュート
- 太陽光発電の余剰電力を利用して、主に昼間にお湯を沸かす給湯器

※エコキュート…「ヒートポンプ技術」を活用して空気中の熱でお湯を沸かす給湯システム。従来のエコキュートは、電気料金の安い深夜の時間帯にお湯を沸かしていたため、日中のお湯切れがデメリットだった。

**エコワン（ECO ONE）**
- 2010年にリンナイが開発したガスと電気によるハイブリッド給湯器
- エコキュートと同様にヒートポンプシステムを採用

### ②太陽光パネル

**最低7～8kWは必要**……屋根形状を踏まえ、なるべく多く搭載
→ハウスメーカーによって格安で導入できる場合は蓄電池も採用

**電気料金平均単価の推移**

電気代の高騰もあり、太陽光パネルの設置も増加

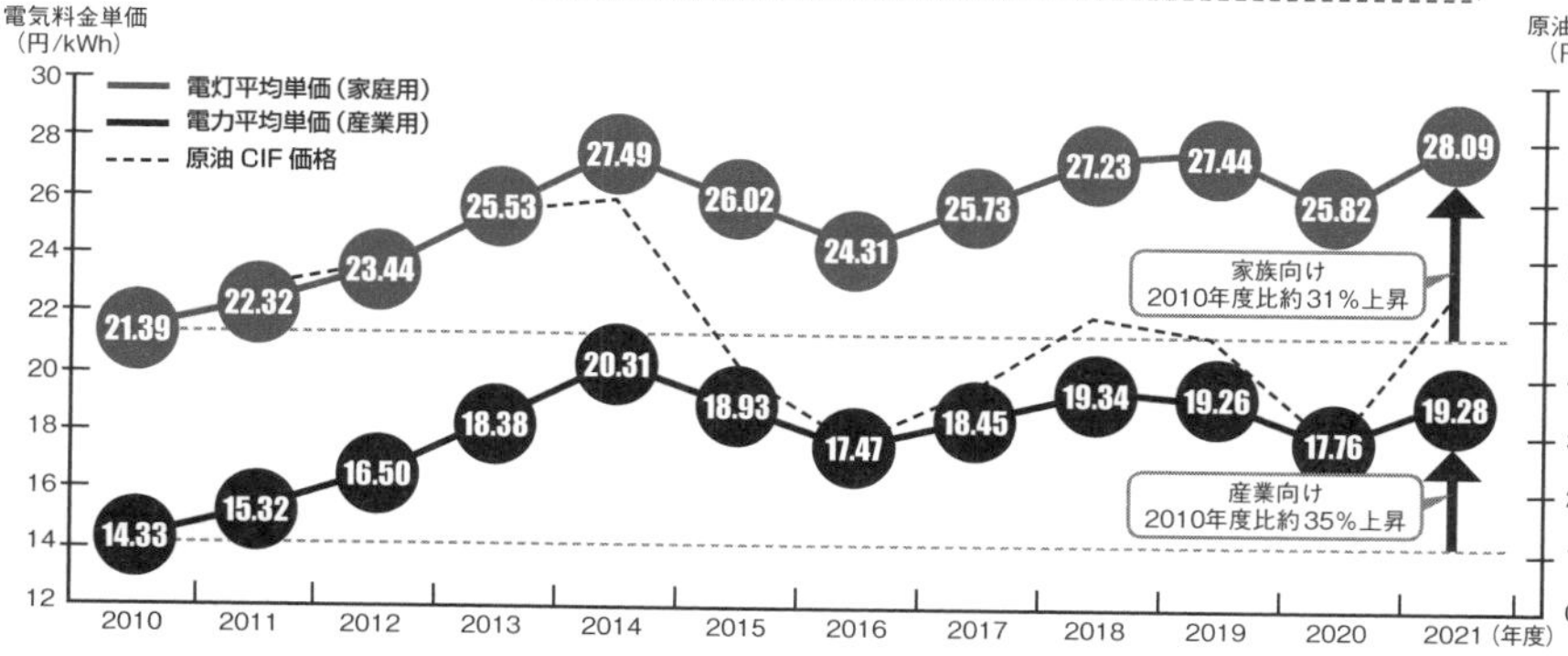


出典：資源エネルギー庁「広報パンフレット2022」より

### ③床暖房

まずは**床の断熱仕様をグレードアップ**する
→断熱材を厚くする、無垢床や断熱タイルを取り入れる、など
→それでも不足と感じたら、床暖房を採用する

STEP 69

# 床材は優先してこだわるポイント

POINT

**床材は予算が厳しくても、重視してほしいポイントです。おすすめは、質感、見た目、メンテナンス性能に優れた無垢材です。**

**床材**は、お金をかける**優先順位としてはかなり上位**です。予算が厳しくても、床材は蔑ろにしてはダメだと思っています。床材は、常に身体が触れている部材であり、常に視界に入ってくる部材だからです。

床材は大きく分けて4種類あります。インクジェットで木目を模したシートを合板に巻き付けた「**シート系床材**」、天然木を厚さ0・3㎜程度に薄くスライスし、それを合板に貼り付けた「**突板**」、天然木を厚さ2㎜程度に薄くスライスし、それを合板に貼り付けた「**挽板**」、すべて天然木でできている「**無垢材**」の4つです。

個人的には**無垢材一択**だと思っています。他の床材に比べて、圧倒的に質感や見た目、メンテナンス性能が優れているからです。

無垢材は、凹んでも濡れたタオルとアイロンを使えば修復できます。傷が付いてしまった場合も、紙やすりとオイルで修復可能です。また、無垢材は掃除が難しいと思われがちですが、クリーナーワックスという洗剤を使えば、水拭きのように雑巾がけをすることもできます。

一方、無垢材以外は、合板がベースにあるので、修復しようにも限界があるのと、場合によっては修復すらできない可能性もあります。そのため質感、見た目、メンテナンス性能、どれをとっても無垢材がおすすめなのです。

無垢材は金額が高いと思われがちですが、樹種によって金額が大きく変動するのと、フローリングの幅を狭くすれば金額を下げることも可能です。最初から諦めず、担当営業に相談してみましょう。

## 床材の種類

| 無垢材フローリング | 複合フローリング |
|---|---|

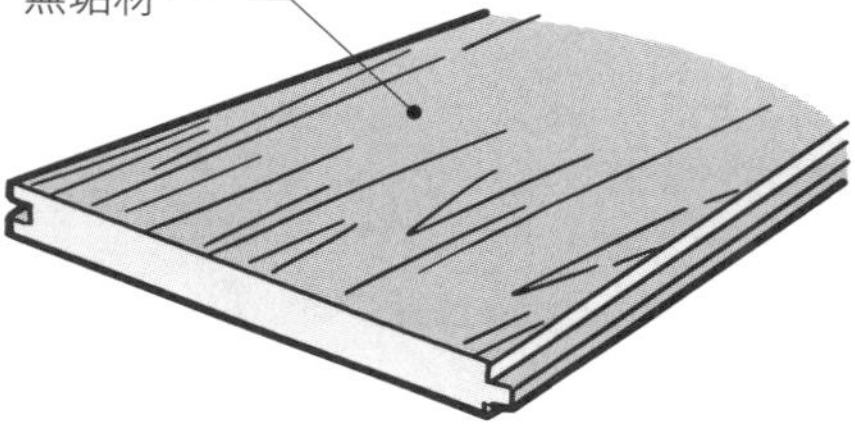


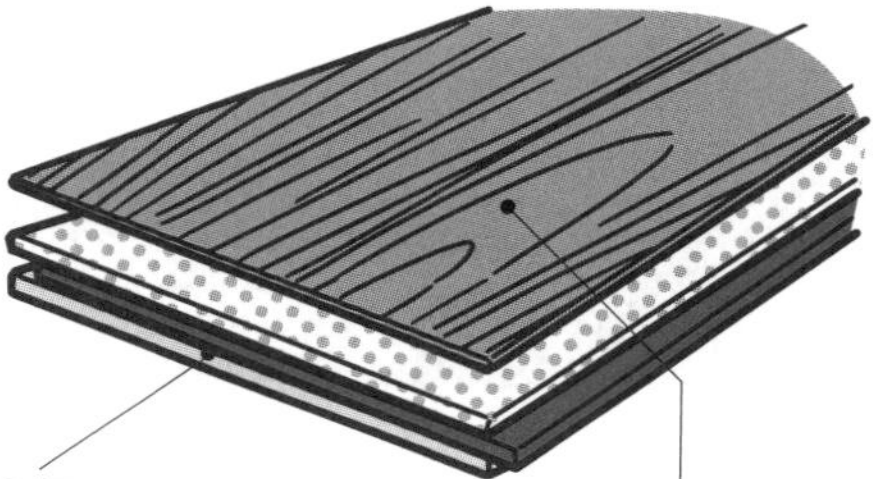


| メリット | メリット |
|---|---|
| 木目の表情や肌触りを楽しめる | 安定した品質で誰でも扱いやすい |
| 使いこむごとに味わいが深まる | 無垢材フローリングと比べ低コスト |
| 傷付いてもある程度再生が可能 | |

| デメリット | デメリット |
|---|---|
| 床に溝や盛り上がりができる可能性がある | 天然木のような風合いはない |
| 色や柄の悪い床材がある | 深い傷が入ると下地が露出 |
| 施工の手間や費用がかかる | 一度傷が付くと再生が難しい |

無垢材を採用する場合、色や柄の悪い床材は、工事現場で間引いてもらうようにしましょう。無垢材は天然木のため、どうしても色や柄の悪い床材も入ってきてしまいます。適当に施工されると、リビングなどの目立つ位置に変な色や柄の床材が配置されてしまうかもしれません。そういった床材は、なるべく収納内など目立たない場所に使ってもらうようにしてください。

STEP 70

# キッチンはキッチン扉の色や質感が重要

POINT

キッチンでこだわるべきポイントの一つが、キッチン扉です。ここの色や質感によって、部屋全体の印象が左右されます。

キッチンはインテリアです。キッチンのデザイン次第で、部屋全体の雰囲気がガラリと変わります。そうは言っても、予算もあるわけですから、誰もが最高級のキッチンを入れられるわけではありません。では、キッチンのどの部分を優先して考えるべきかというと、私は**キッチン扉の色や質感**だと思っています。

キッチン扉は、さまざまなグレードがあり、それによって色や質感が大きく異なります。そして、どんなキッチン扉を選ぶかによって、床材との相性が決まり、部屋全体の雰囲気にまで影響を及ぼすのです。

キッチン扉は意外と金額の上がり幅が大きく、「数万円程度のグレードアップでなんとかなるだろう」と思っていると、大火傷することがあります。営業マンによってはこのあたりの配慮が乏しく、初期状態のキッチンを見積もりに入れているだけのケースも多くあるため、契約前にキッチン扉の仕様は確認しておきましょう。

契約前にキッチン扉の仕様を確認するためには、当然ながら事前にショールームに足を運んでおく必要があるのですが、通常ショールームは契約後に行くことがほとんどです。契約前にショールームに行きたい場合は、**自分たちで自発的に動かなければならない**ので、注意が必要です。

担当営業マンに要望すれば、ショールームの予約を取ってくれるはずなので、相談してみましょう。このとき、**床材のサンプルを持参**するのがおすすめです。そうすることで、床材とキッチン扉の相性を確かめることができます。

## システムキッチンの主な種類

I型タイプ

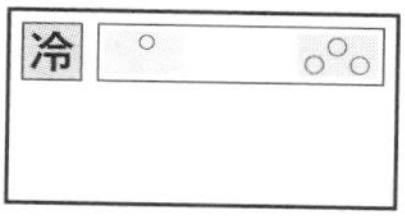


II型タイプ

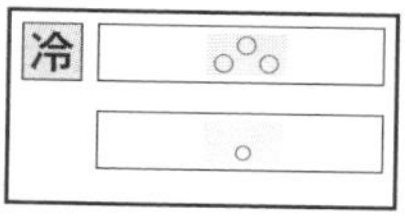


L型タイプ

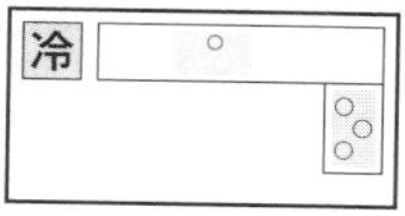


コの字型タイプ

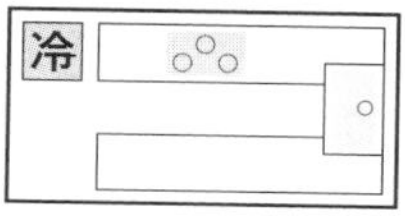


アイランドキッチン

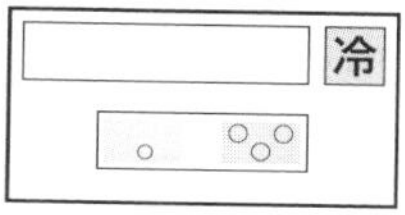


ペニンシュラキッチン

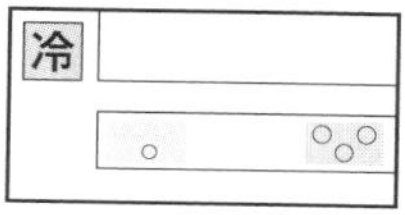


## システムキッチンの基本パーツ

①レンジフード
②吊戸棚（ウォールキャビネット）
③キッチンパネル
④水栓（金具）
⑤シンク
⑥ワークトップ（天板）
⑦加熱器具（コンロ・IHなど）
⑧キャビネット（収納スペース）

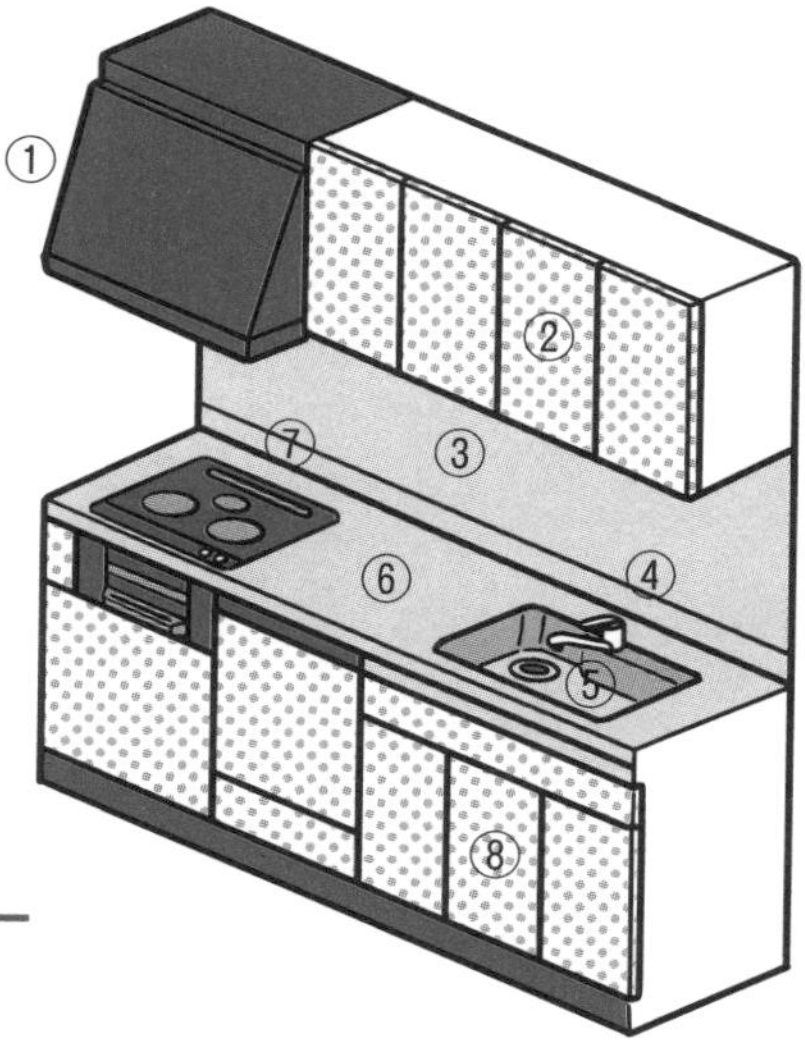


## キッチン扉の色や質感を重視しよう

**キッチン扉（面材）の色や質感によって、部屋全体の印象が決まる**

・色で迷ったら、存在を消せる「白」がおすすめ
・メタリック系もコーディネートしやすい
・光沢のある質感はコーディネートが難しく、マット系のほうが合わせやすい

契約前にショールームで実物を見て、キッチン扉の仕様などを確認しましょう。その際、床材のサンプルをもっていくと、部屋全体のコーディネートも確認できるのでおすすめです。

STEP 71

# 洗濯物を干すベランダ、本当に必要？

POINT

**最近は洗濯物を外に干さない人も増えています。コストをかけてベランダを設ける必要があるのか、一度考えてみましょう。**

最近は、新築住宅にベランダを設けない人が増えてきました。ベランダの設置とメンテナンスにかかる費用に対して、**ベランダの使用機会が限定的**だからです。

奥行き1～1・5m、幅4～6mの一般的なベランダを設置する場合、60万円くらいの初期費用がかかります。また、10年に1回程度のメンテナンスが必要なので、メンテナンス費用として30年目には30～40万円ほど負担しています。生涯でベランダにかかる費用は、トータルで90～140万円くらいになります。

都内などの狭小地の場合、限られた空間を少しでも広く感じるようにするための手段として、ベランダを活用するパターンもあります。そのため、ベランダを全否定するつもりはありません。

ただ、事実として、ベランダで洗濯物を外干しする場合、衣類は紫外線の影響で劣化してしまう可能性があります。また、花粉や黄砂の影響もあるでしょう。そのため、最近は室内干しが主流になりつつあります。**洗濯物を干すだけなら、無理してベランダを設ける必要もない**のです。

ちなみに、G7のフランス、米国、英国、ドイツ、日本、イタリア、カナダの7か国の中で、洗濯物を外に干す習慣があるのは日本とイタリア、それから南フランスの一部の地域のみです。アメリカでは、洗濯物の外干しを条例で禁止している都市もあるくらいです。もちろん、外国と日本では文化も習慣も違っていて当然ですが、時代の流れに合わせて、住まいのあり方も柔軟に考えてみてはいかがでしょうか。

## ベランダ（バルコニー）のデメリット

### 初期投資

・60万円程度のコスト増加

### メンテナンス

・砂やホコリが堆積するので定期的な掃除が必要
・劣化すると雨漏りのリスクも生じやすい
・10年に1回程度、メンテナンス（修繕）が必要

### 洗濯物への悪影響

・花粉や黄砂などが付着
・紫外線で衣類の劣化が進む場合も

## ベランダ（バルコニー）を設置しない場合の洗濯方法

### ランドリールーム（洗濯室）

・洗濯に関する一連の作業をすべて行える部屋のこと
・乾燥機や除湿器を使った室内干しで、洗濯物を乾燥させる

### 庭に干す

・敷地が広く、庭に十分なスペースがある場合に限る
・外干しのため、洗濯物への悪影響があり、おすすめしない

この写真を見た日本人の多くは、雑多な印象をもつのではないでしょうか。もしかすると、外国人から見た日本の外干し風景も、この写真を見た私たちと同じ印象なのかもしれません。

STEP 72

# 照明は部屋の印象を大きく左右する

POINT

**照明計画では「明るさのムラをなくす」という視点が重要です。部屋の印象を大きく左右するので、照明にはこだわりましょう。**

照明は空間の印象を大きく左右します。設計から照明にしっかりとこだわると、オシャレで落ち着いた空間をつくることができます。一方、照明計画が適当だと、どうしても安っぽくて落ち着かない空間になってしまいます。

それにもかかわらず、狙いがよくわからない、ダウンライトだらけの提案が後を断ちません。結果として、天井が穴だらけで美しくない、ただ眩しいだけで落ち着かない空間になってしまっているケースが相次いでいます。これは、担当営業マンが「暗い」というクレームを客から受けたくないという、消極的な動機が背景にあります。

照明計画は調整が難しく、経験に左右される側面も大きいです。しかし、照明は**明るさのムラがなくなるように配置する**というのがコツです。

明るさはどこかが基準となり、明暗が生じます。つまり、明るさと暗さのギャップがあればあるほど、暗いと感じやすくなるので、明るさのムラがなくなるように照明計画を考えることが大切なのです。

ただ、「明るさのムラをなくす」というのは抽象的で難しいので、手っ取り早くこの問題を解決する方法として、**照明を調光式にしてしまうのがおすすめ**です。そうすれば、自分で明るさの調整ができます。

また、照明計画を考えるとき、「**見せる光**」と「**使う光**」に分けて考えると、それぞれの照明の役割がハッキリします。たとえば、ダイニングは主にご飯を食べるところなので「使う光」、リビングの間接照明は「見せる光」になります。

## 照明の種類

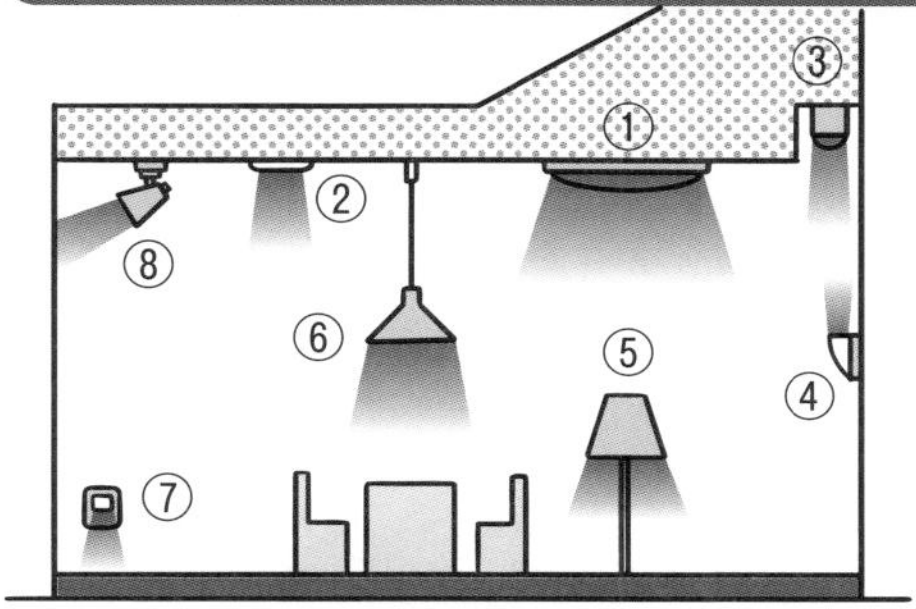


### ①シーリングライト
・天井に直接取り付けるタイプで、照明器具の中では、最も一般的
・天井から照らすため、部屋全体をまんべんなく明るくできる

### ②ダウンライト
・天井に埋め込むタイプの小型照明器具
・複数組み合わせることで部屋全体を明るくできる

### ③間接照明
・壁や天井に光源を当てて、反射した光を楽しむ照明
・オシャレな雰囲気に見せたいときによく使われる

### ④ブラケットライト
・壁や柱に取り付けるタイプの照明器具

### ⑤スタンドライト
・床に置くタイプの照明器具

### ⑥ペンダントライト
・コードやチェーンを使って、ぶら下げる照明器具

### ⑦フットライト
・足元を照らすのに適した照明器具

### ⑧スポットライト
・空間の一部など、特定の箇所を照らしたい場合に用いる

## 「一室一灯照明」と「多灯分散照明」

### 一室一灯照明

・一般的な日本式の照明で、シーリングライト一つで部屋全体を照らす方式
・コスパがよい分、空間全体のメリハリに乏しい
**→オシャレで落ち着いた空間にはなりづらい**

### 多灯分散照明

・さまざまな照明器具を室内に分散し、部分部分を照明で照らす方式
・天井に向かって照明を照らすと天井が高く見える
・スタンドライトで床面を照らせば部屋が広く見え、リラックスできる空間も演出
**→明暗の強弱により、オシャレでメリハリのついた空間にできる**

建築をかじったことがある人なら読んだことのある『陰翳礼賛』（谷崎潤一郎 著）という本の中に、「美は物体にあるのではなく、物体と物体とのつくり出す陰翳のあや、明暗にある」という言葉が出てきます。昔から明暗の強弱は、室内のオシャレさなどを演出するためには、欠かせない要素なわけですね。

STEP 73

# 造作家具を検討してみよう

POINT

**家の建築時にオーダーでつくる家具を「造作家具」といいます。家全体の統一感を創出できるので、検討してみましょう。**

既製品を使わずに、建築時にオーダーメイドでつくる家具のことを「**造作《ぞうさく》家具**」といいます。注文住宅は、基本的に「何でもあり」な商材です。そのため、家の空間や設計に合わせて、さまざまな家具をオーダーすることができるのです。

たとえば、**洗面台**です。洗面台は既製品を使っても良いのですが、造作家具としてオーダーした方が金額が安くなるケースも多く、簡単にオシャレな洗面台を設置することができます。そのほか、収納や扉など、多くの家具を造作としてつくることが可能なのですが、注意点もあります。

それは、**造作家具に慣れていないハウスメーカーもある**ということです。造作家具はケースバイケースの側面が強いため、**相場というものがほとんどありません**。つまり、ハウスメーカーが造作家具の製作を依頼した製作業者の言い値によって、金額が決まる構造になっています。

本来は、造作家具をつくることになったら、複数の製作業者に図面を送り、見積もりを出してもらいます。その中で質の良い仕上がりになりそうな業者、もしくは価格の安い業者をピックアップして、施主の見積もりに反映させるわけです。しかし、造作家具に慣れていないハウスメーカーもしくは営業マンに当たると、1社にしか見積もりを取らないことが多いです。

そうなると、見積もりの金額がかなり高かったり、造作家具のクオリティの良し悪しがわからなかったりします。担当営業マンに、きちんと複数社から見積もりを取ったかを確認すると良いです。

## 造作家具とは？

**造作家具** ― 建てる家の間取りや自分たちの使い勝手、ライフスタイルに合わせてつくる家具の総称　**→いわゆる「オーダーメイド」！**

### 〈造作家具のメリット〉

- 自由度（デザイン・サイズなど）が高い
- 限られた空間をフル活用できる
- 家全体をトータルコーディネートしやすい
- 高級感が追加される

### 〈造作家具の種類（例）〉

**リビングダイニング**
- 壁面収納
- テレビボード
- 本棚
- ソファ
- コンソール
- ダイニングテーブル
- カウンター

**キッチン**
- キッチン本体
- 食器棚

**収納**
- パントリー
- クロゼット
- シューズクローゼット

**居室**
- ベッド
- 勉強机
- 化粧台

**水回り**
- 洗面台
- 洗面収納
- トイレの手洗い

↓

**相場がほとんど存在しないので、金額には要注意**
**複数社から見積もりを取るようにする**

造作で設けた洗面台

造作家具は「金額が高い」と思いがちですが、無垢床の余った木材を使ってテレビボードをつくるなど、場合によってはお手頃につくれる場合もあります。しかも、デザイン的な統一感も出せますし、部屋の大きさにもマッチさせることができます。「高そうだから」とあきらめず、なにか工夫できないか、考えてみても良いかもしれません。

Check!

Column

# 生活感のないスッキリした部屋がすべてではない

SNSを見ていると、自宅を建てた人たちが自室の写真をよくアップしています。それらの写真の大半は、生活感がほとんど無く、非常にきれいに整っているため、憧れを抱きやすいのですが、そういう生活ができる人は、「暮らし方上級者」です。

私は仕事で色々な人の自宅を訪問する機会が多いのですが、自宅を常にきれいに保っている人には、一種の才能を感じます。才能とは個人の素質です。素質がない人からすると、室内をきれいに保つことは難しいのです。ただ、私はそれが普通だと思います。むしろ、自分の生活の前提は荒いものだと受け入れることで、あらかじめ、部屋に荒さが入ることを想定した空間づくりができます。

たとえば、LDKなど人目につく所は、スッキリさせる工夫があった方が良いでしょう。人が集まる所はそれだけ散らかりやすいからです。一方で、寝室や書斎など、特定の人のみが使う部屋に関しては、荒さが悪目立ちしないように、収納や棚をきちんと設けることで、それ自体がインテリアにもなります。

人によっては、一見すると散らかっているような空間の方が落ち着くという方もいるでしょう。必ずしも生活感のない、スッキリとした空間がすべてというわけではありません。部屋が散らかったり、ごちゃごちゃしやすかったりするなら、それを逆手に取って間取りを考えるのもアリなのです。

- 積水ハウス
- セキスイハイム
- ヘーベルハウス
- 大和ハウス
- 住友林業
- ミサワホーム
- パナソニック ホームズ
- トヨタホーム
- 三井ホーム
- 一条工務店

Special Content

# ハウスメーカー 有名10社解説

知名度の高い有名ハウスメーカー10社を、まかろにお独自の視点で解説します。ぜひ、施工会社選びの参考にしてみてください！

## 積水ハウス

### 高い提案力を誇る高品質なハイブランド！

画像提供：積水ハウス

基本データ

| | |
|---|---|
| 構造 | 鉄骨造・木造 |
| 坪単価 | 約130 ～ 150万円 |
| 本社所在地 | 大阪市北区 |

業界で最も高価格のハウスメーカー。その代わり、提案力がずば抜けて高い傾向にあり、建物の仕様も幅広くカスタマイズできるのが特徴です！

積水ハウスは、累計建築戸数が世界一のハウスメーカーです。同社には一部の優秀な設計士のみがなれる「チーフアーキテクト」という制度があり、30年以上に渡って積水ハウスの設計文化を作り上げてきました。

そんな積水ハウスには、軽量鉄骨の「ダイナミックフレーム・システム」、重量鉄骨の「フレキシブルβ（ベータ）システム」、木造の「シャーウッドハイブリッド構造」の3つの構法があり、この中から自分たちに合った家づくりの構法を選ぶことになります。ここで、積水ハウスを知る上で重要なポイントを2つご紹介します。

1つ目は、**メーターモジュールを採用している**という点です。住宅業界には「尺モジュール」と「メーターモジュール」という2つの基準寸法が存在します（68～69ページ参照）。どちらの基準寸法も一長一短ありますが、積水ハウスはメーターモジュールを採用しており、金額よりも住まい心地のよさに重きを置いています。そのため、ゆとりのある暮らしをしたい方や、階段勾配の緩い家に住みたい方、家族の介助活動が必要な方などにとっては、積水ハウスは優先的に検討すべきハウスメーカーといえるでしょう。

2つ目は、**すべての建築部材に積水ハウスの意志が宿**

屋内外の天井面と床面の高さをそろえ、自然を招き入れるような空間を生む「クリアビューデザイン」

**ここが魅力！**

・鉄骨造の商品と木造の商品、両方を取り扱っている
・できることの幅が広く、柔軟な対応をしてくれやすい
・間取りの提案力が非常に高い

**ここに注意！**

・大手ハウスメーカーの中で最も金額が高い
・自由度が高く、できることの幅が広いため、担当者の力量に左右される

**まかろにお的 独自チェック！**

| | |
|---|---|
| コスト | ★☆☆☆☆☆ |
| 災害対策 | ★★★★★☆ |
| 省エネ対策 | ★★★☆☆☆ |
| デザイン性 | ★★★★★★ |
| 間取りの自由度 | ★★★★★★ |
| メンテナンス性能 | ★★★★★☆ |

**っている**という点です。たとえば、積水ハウスの窓に使用される「SAJサッシ」は、ガラスメーカーAGCにOEM発注してつくられるコラボ製品です。つまり、建材メーカーから買った既製品をそのまま使うのではなく、窓の見た目や性能にこだわって、一邸、一邸、積水ハウスが作り上げているのです。そのため、積水ハウスが得意としている天井と軒を繋げる「クリアビューデザイン」は、**他社が完璧には真似できない**ものになります。

そのほか、床や換気システムなど、ほぼすべての部材に積水ハウスの意志が宿っています。細かく知れば知るほど、積水ハウスがどれだけ家づくりにこだわりを持っているかが理解できるようになります。

ただし、その一方で、積水ハウスは**どうしてもコストが高くなります。**

一般的な住宅のほとんどが尺モジュールでつくられているため、建材も尺モジュール対応の物ばかりです。そのため、メーターモジュールでの家づくりは既製品の建材を使うことが難しく、結果として金額が高くなる傾向にあります。こういった背景を知ることで、積水ハウスの家がなぜ高価格なのか、納得感を抱けるのではないでしょうか。

画像提供：積水化学工業

# セキスイハイム

## ハウスメーカー界のターミネーター！

基本データ

| | |
|---|---|
| 構造 | 鉄骨造・木造 |
| 坪単価 | 約85 ～ 95万円 |
| 本社所在地 | 大阪市北区・東京都港区 |

**「デザインや間取りよりも性能が最優先」という方にオススメ。営業担当者の提案次第で、間取りの制限を回避する方法もあります！**

「あったかハイム」のCMで有名なセキスイハイムですが、よく似た名前の「積水ハウス」とはまったく別のハウスメーカーです。もともとは積水化学工業の住宅部門でしたが、そこから独立して始まったのが積水ハウスで、その後、積水化学工業で再度立ち上げられた住宅部門が今のセキスイハイムになります。

セキスイハイムには、鉄骨系の商品と木質系の商品の2種類があります。

鉄骨系の商品は「ユニット構法」と呼ばれる鉄の箱を組み合わせて家をつくる方法を採用しています。この構法は、工場で家の大半を生産し、現地で組み立てることから、**工期が短くてすむ、施工品質が安定する、比較的に価格が抑えられる**、といったメリットがあります。ただし、その一方で、デメリットや気を付けるべき点も少なくありません。

たとえば、デザイン。セキスイハイムはユニット構法を採用しているため、**どうしても箱型のデザインになりやすくなります**。「近未来モダン」と呼ばれ親しまれている反面、好き嫌いがハッキリわかれるデザインになります。

また、一般的には、ユニット構法はその特性上、**設計**

「ユニット」と呼ばれる鉄の箱を組み合わせて家をつくる方法を採用

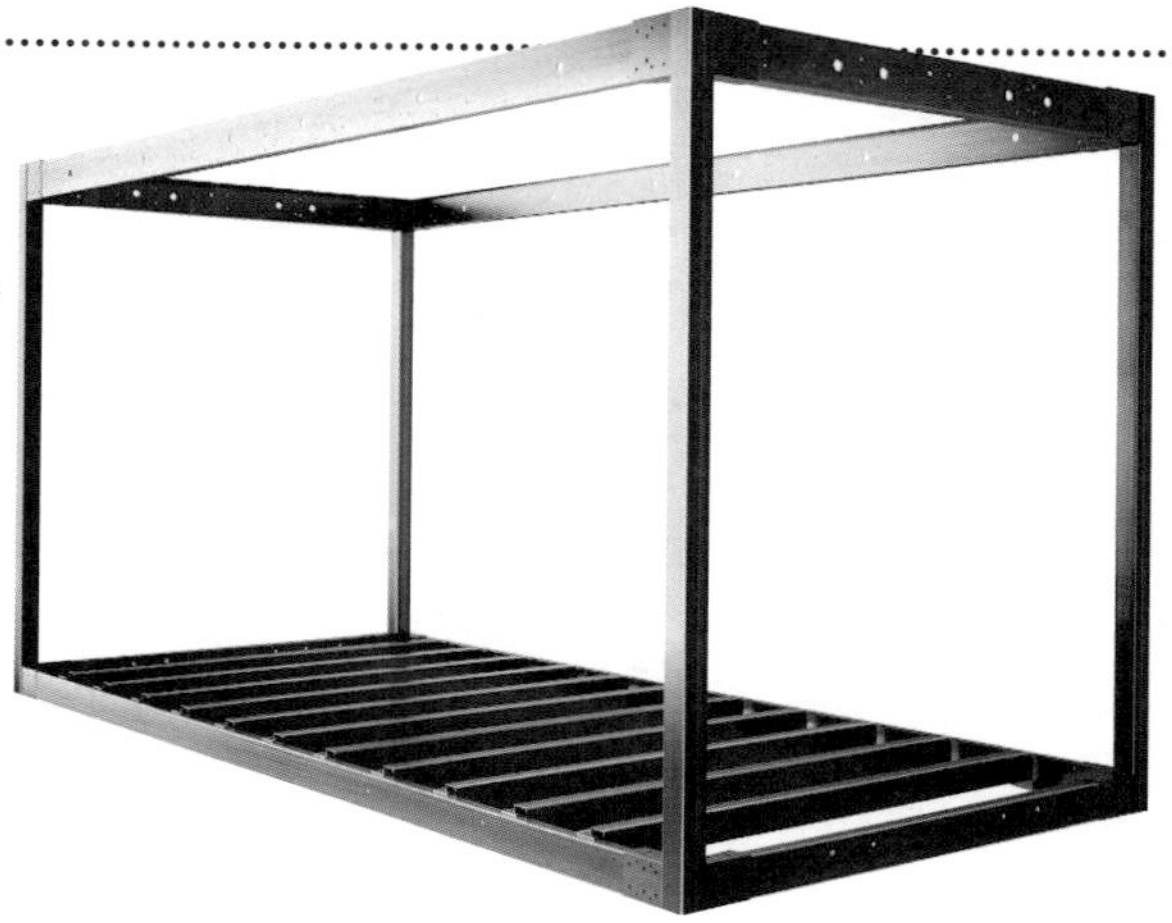

### ここが魅力！

- 大手ハウスメーカーの中では比較的、価格が安い
- ユニット構法により、施工精度が安定している
- 建物の工期が短い
- 構造躯体の耐久性が高い

### ここに注意！

- 接道が狭い土地などでは建築できない場合がある
- 外観が箱っぽくなる
- 間取りの自由度が低め
- ユニット構法のデメリットを緩和できるかどうかは、営業担当者のレベルによる

| まかろにお的 独自チェック！ | |
|---|---|
| コスト | ★★★★☆☆ |
| 災害対策 | ★★★★☆☆ |
| 省エネ対策 | ★★★★☆☆ |
| デザイン性 | ★★☆☆☆☆ |
| 間取りの自由度 | ★★☆☆☆☆ |
| メンテナンス性能 | ★★★★★☆ |

**の自由度が低めになります。**具体的には、ユニットとユニットが重なっている部分に梁が通っているため、その部分には配管を通すことができなかったり、梁の位置の都合で、階段の位置が制限されたりする可能性があります。そのため、ユニットをまたいで水回りや階段を設置することは、基本的にはできません。ただ、それらの対策として、水回りの床を上げてその下に配管を通したり、階段を特注して現場で組み立てたりすれば、ユニットをまたぐ設計も可能になります。

木質系の商品も「ユニット構法」を採用しており、こちらは2×6（ツーバイシックス）と呼ばれる木材を使って木の箱を形成します。それらを組み合わせて家をつくるのですが、**鉄骨系の商品よりも断熱性能・気密性能が取りやすく、**最近、人気が出てきています。ただし、こちらは**鉄骨系商品以上に設計難易度が高く、大手ハウスメーカーの構法の中で一番、自由度がないと思います。**

もともと、セキスイハイムの木質系商品は、「予算は厳しいけど、いいものをなるべく安く手に入れたい」という意向が強い、若い子育て層をメインターゲットとして開発された商品です。そのため、間取りの制限はあるものの、価格を優先したい方にはオススメです。

# ヘーベルハウス

## 地震や火事に強い鉄骨系トップブランド！

画像提供：旭化成ホームズ

**基本データ**

| | |
|---|---|
| 構造 | 鉄骨造・木造 |
| 坪単価 | 約100 ～ 115万円 |
| 本社所在地 | 東京都千代田区 |

都心を中心に展開している鉄骨系ハウスメーカー！　耐震性能・耐火性能が非常に高いという特長の一方、独自の制限もあります。

「ハーイ！」という四角い家型のマスコットや、羊のラム君のCMが印象的なヘーベルハウス。大手総合化学メーカーである旭化成の住宅部門「旭化成ホームズ株式会社」が発売している住宅の商品名がヘーベルハウスです。サランラップやジップロックといった身近なものから、AEDや医薬品、繊維まで、多岐に渡る商品を開発してきた技術力を活かして、堅牢で高寿命な構造を売りにしています。

商品は、2階建て軽量鉄骨の「CUBIC」「新大地」、3～4階建ての重量鉄骨「FREX」、そして2023年4月に発売した重量鉄骨＋軽量鉄骨の2階建て専用商品「RATIUS」があります。すべてヘーベル板と呼ばれる通称ALC（軽量気泡コンクリート）＋鉄骨のシンプルな商品構成で、3階建てを含むすべての商品が制震構造付きの躯体となっているため、メーカーの中でも突出して耐震性が高く、標準仕様にほとんど手を加えることなく防火地域に対応します。

また、外気と触れる床・壁・天井に木材を用いない構造のため、経年劣化やシロアリなどによる老朽化リスクが極めて低く、60年という長期保証の住まいを提供しています。

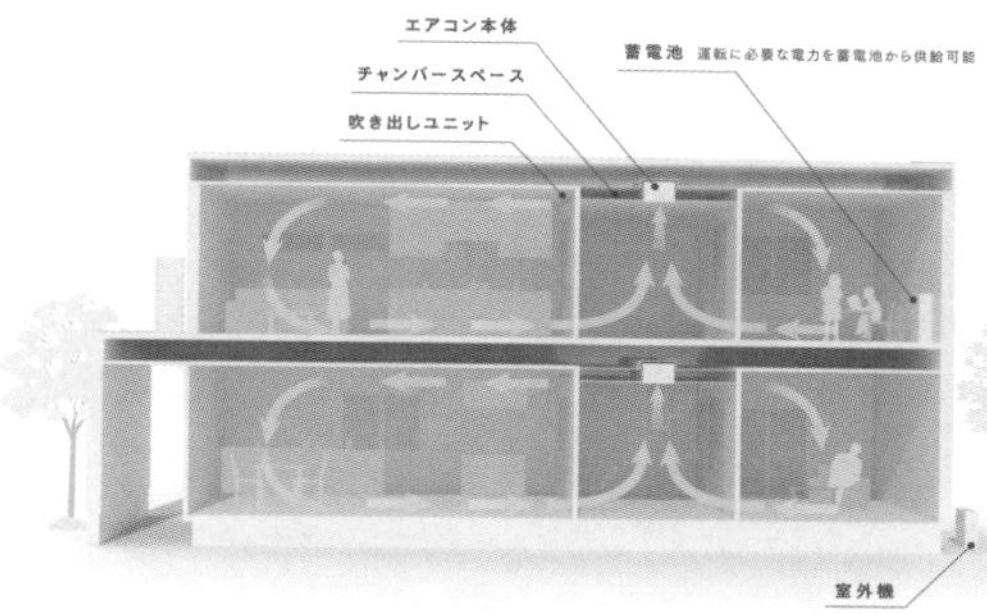


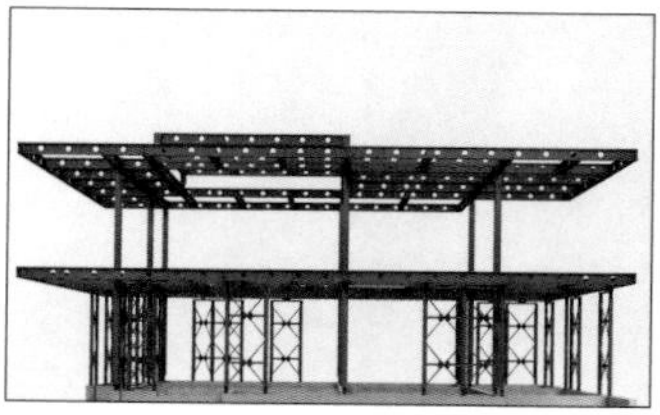

右／２階建て専用商品「RATIUS」の躯体。強靭な柱と梁で支える重鉄構造と独自の制震フレームを組み合わせている。
左／専用の機械室が不要のため、設計自由度も高くなる「ロングライフ全館空調」。

## ここが魅力！

・耐震性能、耐火性能が非常に高い
・モダンな外観デザインが得意
・ロングライフ全館空調により、快適な室温の維持が可能

## ここに注意！

・内装のデザイン提案力は担当者によるバラつきが大きい
・一部の地域では施工不可
・外壁の仕様に制限がある

## まかろにお的 独自チェック！

| | |
|---|---|
| コスト | ★★★☆☆☆ |
| 災害対策 | ★★★★★☆ |
| 省エネ対策 | ★★★☆☆☆ |
| デザイン性 | ★★★★☆☆ |
| 間取りの自由度 | ★★★★☆☆ |
| メンテナンス性能 | ★★★★☆☆ |

さらに、最近では室内の快適性を向上させるために、「ロングライフ全館空調」という名前の全館空調システムが登場しました。これは天井に埋め込んで使うものなので、他のハウスメーカーと異なり、空調室が必要ありません。これにより、**空調室という無駄なスペースを作る必要がなくなるため、間取りを最大限カスタマイズすることができます。**

ただし、いくつか注意点もあります。たとえば、**1・2階双方に全館空調の装置を付ける必要があること。**また、全館空調に除湿・加湿の機能を付ける場合、「熱交換型ロングライフ・エコ換気システムHG」というオプションを付ける必要があるのですが、これを入れると別途、空調室を作る必要が出てきます。

そのほかにも、ヘーベルハウスは**都心部に絞った販売展開をしているため、施工できないエリアが多数あること**や、建物の外観デザインに関してヘーベル板を必ず使用する必要があるため、**塗り壁やサイディングといった外壁を選択することはできない**、というデメリットなども存在します。そのため、ヘーベルハウスは建てる人をかなり選ぶハウスメーカーであると同時に、好みがハッキリわかれる商品といえるでしょう。

# 大和ハウス

## 選べる断熱仕様が特徴のハウスメーカー！

画像提供：大和ハウス工業

基本データ

| | |
|---|---|
| 構造 | 鉄骨造・木造 |
| 坪単価 | 約80 ～ 135 万円 |
| 本社所在地 | 大阪市北区 |

知れば知るほど商品が魅力的であることがわかるハウスメーカー！　ただし、現場がその魅力を伝えきれていないというもったいない実情も……。

大和ハウスは「住宅の工業化」を加速させ、日本の住宅そのものを大きく進歩させた企業です。戦後のベビーブームで急激に家族数が増え、手狭になってしまった住宅問題を解決するために、同社は「ミゼットハウス」という商品を開発しました。これは今の工業化住宅の原型となっているもので、工場でパーツの大半を作り、現場でプラモデルのように組み立てることで、わずか3時間で作れてしまう家だったのです。こういった常識を打ち破る画期的な商品を生み出したことで、大和ハウスは企業としても成長し、現在に至ります。

大和ハウスは、積水ハウスと同様、木造と鉄骨造の両方の商品をもつ企業です。どちらの商品も、特徴的なのは断熱です。鉄骨住宅の商品は「xevoΣ（ジーヴォシグマ）」と呼ばれ、この商品は**大手ハウスメーカーの鉄骨商品の中で唯一、充填断熱と外張り断熱の組み合わせである「付加断熱」を取り入れられる商品です**。熱の影響を受けやすい鉄骨造の建物において、この断熱構成は非常に魅力的なものと言えます。

また、木造の商品である「xevo GranWood（ジーヴォグランウッド）」も付加断熱を採用しており、大手ハウスメーカーの中では断熱等級7まで対応できる

**ここが魅力！**

- 鉄骨造の商品と木造の商品、両方を取り扱っている
- 断熱仕様が他社に比べて明確かつ優れている
- 同社が出資しているエリーパワー（株）製の蓄電池を安価に導入できる（蓄電池の販促キャンペーンを積極的に行っている）

**ここに注意！**

- 仕様が最低限のものに設定されている傾向が高い
- 木造商品を提案できる人が少ない
- 間取りの提案力が低めの傾向がある

**まかろにお的 独自チェック！**

| | |
|---|---|
| コスト | ★★★☆☆☆ |
| 災害対策 | ★★★★★☆ |
| 省エネ対策 | ★★★☆☆☆ |
| デザイン性 | ★★★☆☆☆ |
| 間取りの自由度 | ★★★★★☆ |
| メンテナンス性能 | ★★★★☆☆ |

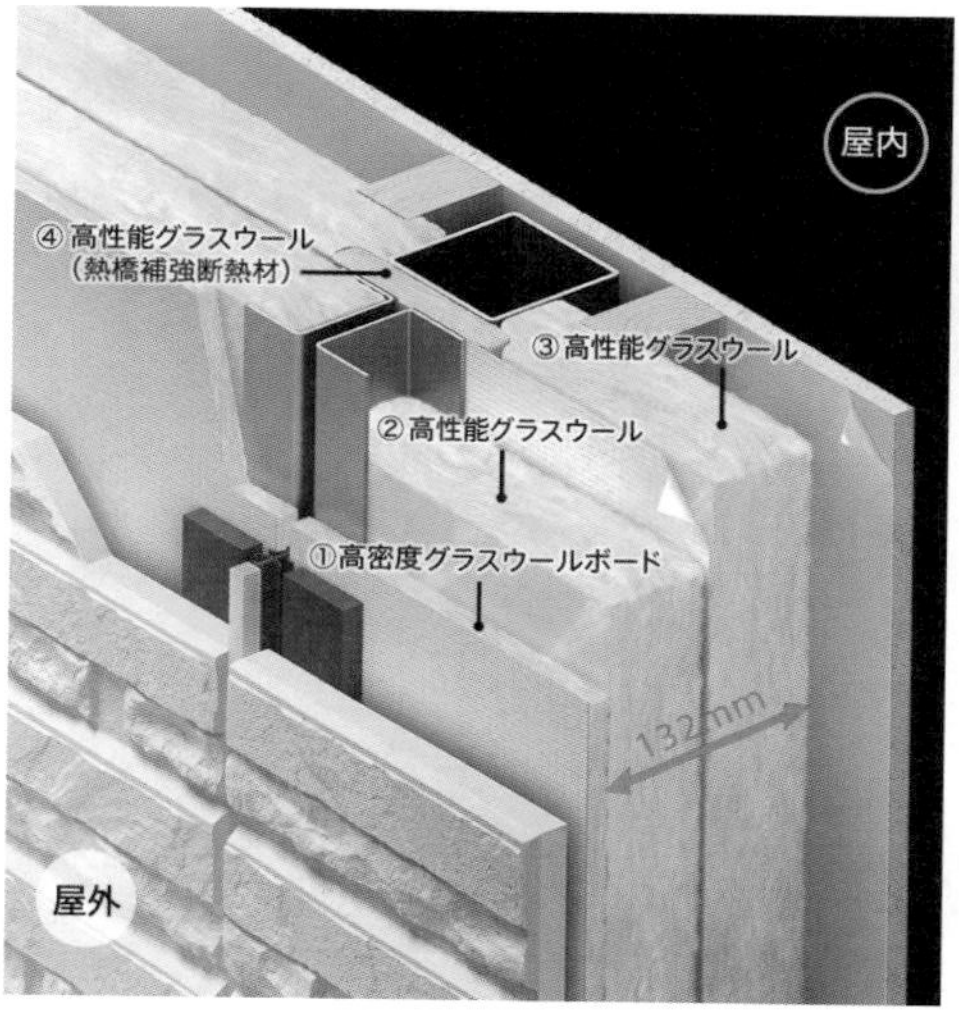


外壁構造の断面図。付加断熱（内断熱＋外張り断熱）を標準で採用しており、高い断熱効果を発揮する

数少ない商品となります。さらに**型式適合認定による縛りもない**ことから、非常に自由度の高い設計が可能です。そのため「xevo GranWood」は昨今、非常に人気の高い商品となっています。

その一方で、**営業現場が世の中の状況に追いつけていない**という状況もあります。これに関しては徐々に改善されるとは思うのですが、今まで大和ハウスは鉄骨メインで商品展開を行なっていました。そのため社内でも鉄骨が良く、木造はイマイチであるという認識が広がってしまっているようです。

また、「xevoΣ」は基準寸法として尺モジュールを使っているのに対し、「xevo GranWood」はメーターモジュールを採用しています。これにより、**今まで鉄骨をメインで訴求・設計していた営業マンや設計士は、木造の設計が苦手な傾向が強くあります。**これを解消するため、2023年6月に「xevo BeWood（ジーヴォビーウッド）」という尺モジュールを採用した木造商品が誕生しました。

大和ハウスの商品は非常に魅力的なものの、現場が使いこなせていないという実情があります。そのため、担当者の力量をシビアに見極める必要があるでしょう。

画像提供：住友林業

# 住友林業

## 仕組み化による安定的なデザイン性！

基本データ

| | |
|---|---|
| 構造 | 木造 |
| 坪単価 | 約90 ～ 115万円 |
| 本社所在地 | 東京都千代田区 |

**最大の特徴は、担当者の力量にかかわらず、一定以上の住友林業らしさを出せる仕組みが存在するところです！しかし、苦手な部分もあります。**

住友林業は「木と生きる幸福」をスローガンに掲げているハウスメーカーです。国内では住宅用資材に留まらず、木材建材製品にかかわる幅広い分野の商品の仕入れ・販売を行っています。

住友林業最大の特徴は、**標準仕様とオプション仕様が明確に設定されている点**です。通常、どのハウスメーカーも、規格住宅型の商品を除けば、標準仕様やオプション仕様というものは設定されていません。これは「何でも自由にできる」のが注文住宅の本質だからです。ただし、それは営業担当者によって提案にバラつきが出るリスクも含んでいます。場合によっては、そのハウスメーカーの世界観を崩すことになるわけですが、住友林業ではそうならないように仕組み化されています。

たとえば、**外壁は吹付外壁が標準**ですし、**内装は天井までのハイウォール建具が標準**です。吹付外壁もハイウォール建具も、きれいな建築をつくるためには必須級のアイテムで、有名な建築家もこれらのアイテムは良く使います。ほかのハウスメーカーの場合は、これらのアイテムを自らオーダーして見積もりに反映させるか、もしくは担当者のリテラシーが高いことを祈るしかないのですが、**住友林業の場合は、標準としてわかりやすくライ**

左／「R溝」が施されたオリジナル製造の木製床材
右／SNS映えするようなオシャレでウッディーな内観

**ここが魅力！**

- 標準仕様とオプション仕様が明確に設定されている
- フローリングに独自のR溝があり、高級感がある
- 木を使ったアイテムが豊富に用意されている
- 間取りの提案力が高い

**ここに注意！**

- 内装に幕板が入る
- アルミ樹脂複合サッシと樹脂サッシを混ぜて使えない
- 軒と天井を完全には繋げられない

**まかろにお的 独自チェック！**

| | |
|---|---|
| コスト | ★★★☆☆☆ |
| 災害対策 | ★★★★☆☆ |
| 省エネ対策 | ★★★☆☆☆ |
| デザイン性 | ★★★★☆☆ |
| 間取りの自由度 | ★★★★★★ |
| メンテナンス性能 | ★★★★☆☆ |

ンナップされています。住友林業の家が、全体的にSNS映えするのはこのような理由があるからでしょう。

また、無垢床などの本物の木を使ったフローリングは、何となく住友林業の専売特許のようなイメージがあるのですが、他のハウスメーカーでも普通に使うことはできます。ただし、**住友林業がオリジナルで製造する床材には、独自の「R溝」と呼ばれる溝が存在し、これが室内空間全体に高級感を与えます。**R溝付きの床材は一部の建材メーカーでも販売されているのですが、形状や質感が異なるため、住友林業の床材と並ぶ物はありません。

このように、オシャレできれいな家づくりができる仕組みがきちんと整っている一方、細かく見ていくと、実は苦手な部分も存在します。たとえば、**軒と天井を繋げて一体的な空間をつくろうと思った場合、住友林業だと外の軒部分に4センチ程の段差ができてしまいます。**また、**室内の壁と外壁を繋げて一体化を図る場合も、完全なフラットにすることはできません。**

ほかにも、**アルミ樹脂複合サッシと樹脂サッシを混ぜて使えないことや、室内の1階と2階の間に幕板と呼ばれる見切り材が入ること**も、住友林業で家を建てる際に気を付けておきたいポイントになります。

# ミサワホーム

## 優れたデザイン性と「蔵」のある家づくり!

画像提供：ミサワホーム

**基本データ**

| | |
|---|---|
| 構造 | 木造 |
| 坪単価 | 約90 ～ 110万円 |
| 本社所在地 | 東京都新宿区 |

> 木造の工業化住宅におけるパイオニアで、日本の住宅業界の発展に大きく貢献してきたハウスメーカーです。デザインへのこだわりは業界随一！

日本の木造建築の構法や耐震化研究の第一人者として知られる東京大学名誉教授・杉《すぎ》山《やま》英《ひで》男《お》氏。その教え子の三《み》沢《さわ》千《ち》代《よ》治《じ》氏が立ち上げたのがミサワホームです。

ミサワホームは「木質パネル接着工法」と呼ばれる方法で家づくりを行います。木質パネルとは、工場生産した木枠の中に断熱材を入れ、それに合板を貼り付けた構造用部材のことをいいます。1棟の住宅で200種類のパネルを計400枚使って建築を行うのですが、このときに高分子接着剤と呼ばれる接着剤を用いてパネルを組み上げていきます。実は、この接着剤がミサワホームの肝になります。

今でこそ、車のボディの組み立てにも構造用接着剤が使われるようになりましたが、かつては接着剤の評価方法がなかったため、本当に接着剤を使った家づくりをしてもよいのか、議論を巻き起こしました。しかし、杉山英男氏の尽力により評価方法が確立され、同社は型式適合認定を取得。木造住宅の工業化に成功したのです。

さらに、**業界に先駆けてデザインに注力**したのもミサワホームです。**ミサワホームが多くのハウスメーカーのデザインの基盤を作り、業界を牽引**してきました。ミサワホームは毎年、グッドデザイン賞を受賞しているので

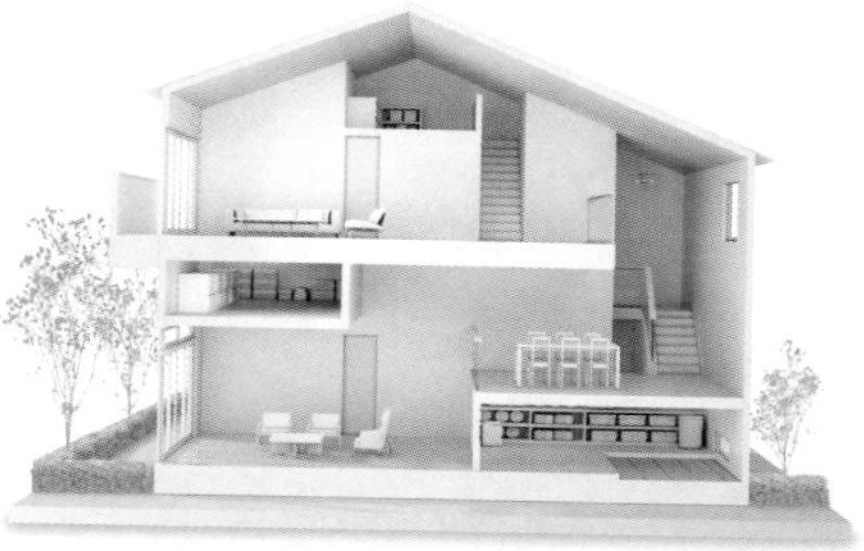

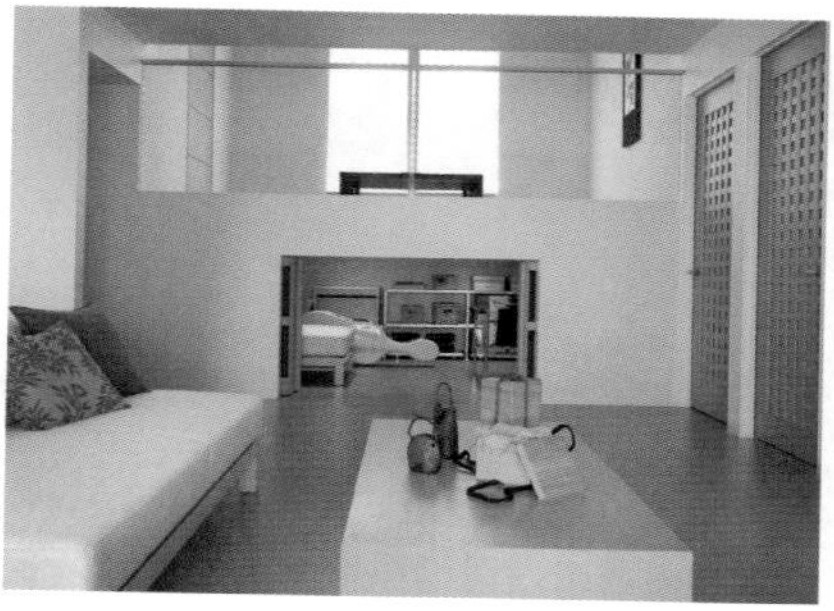

右／1階のリビングやキッチンなどから直接利用できる「蔵」。蔵の上には1.5 階の居室を設定できる。
左／1階や2階、小屋裏スペースなど、好きなフロアに大収納空間「蔵」を設置できる。

### ここが魅力！

- 高さ 1.4m の収納空間「蔵」を使った間取り提案が得意
- 価格に合わせた商品ラインナップが豊富に用意されている
- デザイン性の高い商品が多い

### ここに注意！

- 「蔵」一辺倒の提案になりやすい
- 人気がやや下火傾向

### まかろにお的 独自チェック！

| | |
|---|---|
| コスト | ★★★★☆☆ |
| 災害対策 | ★★★☆☆☆ |
| 省エネ対策 | ★★★☆☆☆ |
| デザイン性 | ★★★★★☆ |
| 間取りの自由度 | ★★★☆☆☆ |
| メンテナンス性能 | ★★★☆☆☆ |

すが、それにこだわるのは、背景として業界を牽引してきたというプライドがあるからです。

そんなミサワホームは、**「蔵」と呼ばれる収納空間を使った空間提案を得意として**います。蔵は本来、屋根裏収納となる屋根裏部分の空間を1階もしくは1階と2階の中間層にもってくることで、多層設計を可能にしたもののことです。これにより、収納空間を確保できるのはもちろんのこと、高い天井高やスキップフロアの実現が可能となり、**家全体の空間を無駄なく使うことができるようになります。**

「蔵」はミサワホームが木質パネル接着工法で型式適合認定を取っているからこそできるものであり、他のハウスメーカーで容易に真似できるものではありません。「蔵」のある家が気に入った場合は、最優先でミサワホームを検討しましょう。

ただし、一方で最近のミサワホームは、工業化住宅のメリットを押し出した規格住宅に力を入れている傾向があります。規格化することで、工業化住宅によるコストメリットをより出すことができるためです。しかし、**規格住宅は好き嫌いがはっきり分かれるため、最近のミサワホームは人気がやや下火傾向にある**と感じています。

# パナソニック ホームズ

耐震性・メンテナンスに優れた真面目系！

画像提供：パナソニック ホームズ

| 基本データ | |
|---|---|
| 構造 | 鉄骨造・木造 |
| 坪単価 | 約100万円 |
| 本社所在地 | 大阪府豊中市 |

**大手ハウスメーカーの中で唯一、今日本で出せる最大級の震度に耐えられるということを証明している、非常に災害に強いメーカーです！**

パナソニック ホームズは、有名なパナソニックのグループ企業で、「地震の後も安心な住まい」をテーマに家づくりをしています。実大住宅で振動実験を行っており、阪神・淡路大震災や東日本大震災の地震波を再現した大地震を57回、中地震83回を含む計１４０回にもおよぶ実験を重ねています。**阪神・淡路大震災の４・３倍、東日本大震災の１・８倍のエネルギー量の揺れにも耐えられることを証明しているのは、同社だけです。**

しかも、実験はリアルに再現されており、総重量４ｔ近くあるタイル外壁を付け、陶器瓦とソーラーパネルを設置した上で実験をしています。建物は重くなればなるほど、地震の影響を受けやすくなります。一部のハウスメーカーでは、窓をアクリル板に変えて実験するなど、実際の仕様とは掛け離れた状態で実験をしている企業も存在します。そのため、あえて不利な状態を再現して実験しているパナソニック ホームズは、非常に真面目な企業といえるでしょう。

そのほかの特徴として、光触媒タイル外壁「キラテック」や、全館空調「エアロハス」、振動実験に裏打ちされた「地震あんしん保証」などがあります。

「キラテック」は、**太陽の紫外線と雨で、汚れをきれい**

左／高い耐久力を誇るパナソニック ホームズの鉄骨造住宅の構造イメージ
右／日本の実験施設における限界加振にも挑戦した耐震実験の様子

**ここが魅力！**

- 耐震性の高さ
- メンテナンス性の高さ
- 地震あんしん保証による安心感
- 都心部の狭小地にも柔軟に対応できる設計対応力

**ここに注意！**

- デザイン性に関してはやや苦手
- 価格が高め

**まかろにお的 独自チェック！**

| | |
|---|---|
| コスト | ★★☆☆☆☆ |
| 災害対策 | ★★★★★☆ |
| 省エネ対策 | ★★★★☆☆ |
| デザイン性 | ★★★☆☆☆ |
| 間取りの自由度 | ★★★★★★ |
| メンテナンス性能 | ★★★★★★ |

**に落としてくれるセルフクリーニング性能を備えています。**タイルの下に目地がある構造になっているため、外観は目地がでないシームレスな見た目になります。

「エアロハス」は、**エアコン1台で家全体の温湿度を調整できるうえ、HEPAフィルターを搭載した空調システムです。**パナソニック ホームズ本社が一邸一邸、ダクトの配置設計や風量計算を行った上で提案するため、安心して導入することが可能です。

「地震あんしん保証」は、パナソニック ホームズで家を建てた方が、掛け金なしで加入することができる独自の保証制度です。**地震で建物に被害があったとき、地震保険の補償とは別に、最大で5000万円までならパナソニック ホームズ側が負担してくれて、なおかつ建物を現状復帰までしてくれる**という、とんでもない制度です。保証期限は引き渡し日から35年（※）となります。

パナソニックブランドだけあり、非常に魅力的な性能や制度がある一方、**価格は高めです。ネットで調べるとパナソニック ホームズは少し安めの価格で掲載されていることが多いのですが、実情とは異なります。**また、**デザイン性に関してはやや苦手**な方であるため、事前にきちんと担当者と目線合わせをするようにしましょう。

※2023年4月1日契約分より適用

# トヨタホーム

## 自動車製造の技術を生かした高機能住宅！

画像提供：トヨタホーム

| 基本データ | |
|---|---|
| 構造 | 鉄骨造・木造 |
| 坪単価 | 約90 ～ 120万円 |
| 本社所在地 | 名古屋市東区 |

世界的な自動車メーカー・トヨタ自動車のグループ会社。これまで培ってきた自動車製造の技術やノウハウを生かした家づくりが得意です。

トヨタホームは、トヨタ自動車のグループ企業です。自動車の生産を通じて培われてきたものづくりの思想が受け継がれているのが特徴で、「ムダ・ムラ・ムリ」を徹底的に排除した家づくりを行っています。

トヨタホームの主力商品は、鉄骨ユニット構法のＳＩＮＣＥ（シンセ）シリーズと、鉄骨軸組構法のＥＳＰＡＣＩＯ（エスパシオ）シリーズの2種類です。

ユニット構法は、セキスイハイムと同様に、工場生産によっておよそ8割を工場で組み上げます。その後、現地で組み立てることから、工期が短くて済む、施工品質が安定する、比較的価格が抑えられる、といったメリットがあります。そのため、鉄骨ユニット構法のＳＩＮＣＥシリーズは、トヨタホームの中では価格が抑えられる商品となっています。

また、トヨタホームのユニット構法ならではの特徴として、「Ｔ4システム」と呼ばれる制振装置が入れられるという特徴があります。これは地震エネルギー（建物の揺れ）を回転運動に変換し、最終的に熱エネルギーに変換する装置のことで、建物の2階部分の揺れを約20～70％低減させる効果があります。これにより、クロスや外壁などの損傷を抑えることが可能となります。

右／トヨタホーム独自の制振装置「T4 システム」
左／車と家を連動させて充電や給電を行うシステム「エネトリオ」のイメージ

### ここが魅力！

- ・コストを抑えられるユニット構法がある
- ・85%を工場で生産するため、雨に濡れない環境で品質が安定
- ・都心部などの狭小地に対応できる鉄骨軸組構法がある
- ・除湿・加湿にも対応できる全館空調システムがある
- ・車と家を連携できる充電・給電システムがある

### ここに注意！

- ・ユニット構法は建てられる地域に制限がある
- ・鉄骨軸組構法は金額が高め
- ・地域販売会社によって提案方針や提案内容が異なる

### まかろにお的 独自チェック！

| | |
|---|---|
| コスト | ★★★★☆☆ |
| 災害対策 | ★★★★★☆ |
| 省エネ対策 | ★★★★☆☆ |
| デザイン性 | ★★★☆☆☆ |
| 間取りの自由度 | ★★★☆☆☆ |
| メンテナンス性能 | ★★★★☆☆ |

ただし、**ユニット構法は現場への搬入と組み立ての関係で、都心部などの狭小地では対応しにくい**というデメリットがあります。そのため、都心部などの狭小地では、もう一つの商品である鉄骨軸組構法のESPACIOシリーズで対応することになります。

ESPACIOシリーズは、**25センチ単位で建物拡張・建物配置が可能なので**、ユニット構法のSINCEシリーズと比べて**非常に設計自由度が高く、好みの間取りやデザインが実現できます**。特に**「アールドウォール」や「カーブドウォール」と呼ばれる曲線的な外壁は、大手ハウスメーカーの中でもできるハウスメーカーが非常に少ないもの**です。

そのほか、トヨタホームの特徴として、**「エネトリオ」と呼ばれる車と家を連動させて充電や給電を行うシステムや、除湿・加湿にも対応できる「スマート・エアーズPLUS」という全館空調システム**があります。

ただ、トヨタホームは地域の販売会社に住宅の販売を任せる方針を取っているため、**ディーラーごとに取り組んでいる内容や力を入れている内容に差があります**。そのため、**提案される内容に若干の地域差がある**ことは覚えておくとよいでしょう。

# 三井ホーム

## 洋風デザインだけじゃない、多彩な商品群！

画像提供：三井ホーム

| 基本データ | |
|---|---|
| 構造 | 木造 |
| 坪単価 | 約90 ～ 125 万円 |
| 本社所在地 | 東京都新宿区 |

洋風住宅と言えば三井ホーム！　もちろん、それ以外のデザインも対応可能であり、幅広い価格帯の商品を用意しています。

三井ホームは、**洋風住宅を得意とする**ハウスメーカーです。ただし、最近はモダン系のデザインにも力を入れており、洋風一辺倒ではなくなってきています。

三井ホームには、大きく分けて3つの商品カテゴリが存在します。

1つ目が、**三井ホームプレミアム**。こちらは建物価格が1億円以上の場合などに、検討できる商品カテゴリです。木造、鉄骨造、RC造、何でもできてしまうので、三井ホームクオリティで脱・工業化住宅をめざす方は選んでみるとよいかもしれません。

2つ目が、**三井ホームオーダー**。こちらが一般的な商品カテゴリで、ボリュームゾーンとしては建物価格のみで2000～4000万円くらい（※）の価格層です。基本的に三井ホームで注文住宅を建てる場合は、この三井ホームオーダーを選択し、三井ホームが売りにしている「プレミアム・モノコック構法」（同社独自の2×6構法）で家づくりをしていく形となります。

3つ目が、**三井ホームセレクト**。こちらは完全な規格住宅なので、内装などの色味は変更できるものの、基本的には決まったプランの中から、好みの間取りや仕様を選んでいきます。具体的には、モダンスタイル、ウッディ

※2022年4月～2023年３月の全国データ（請負契約時）より

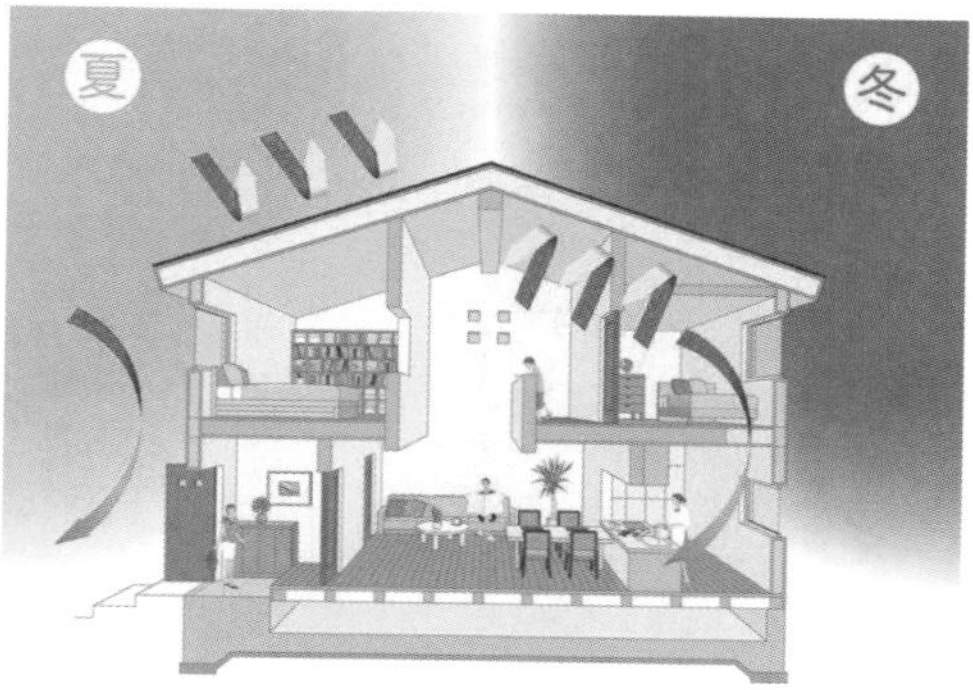


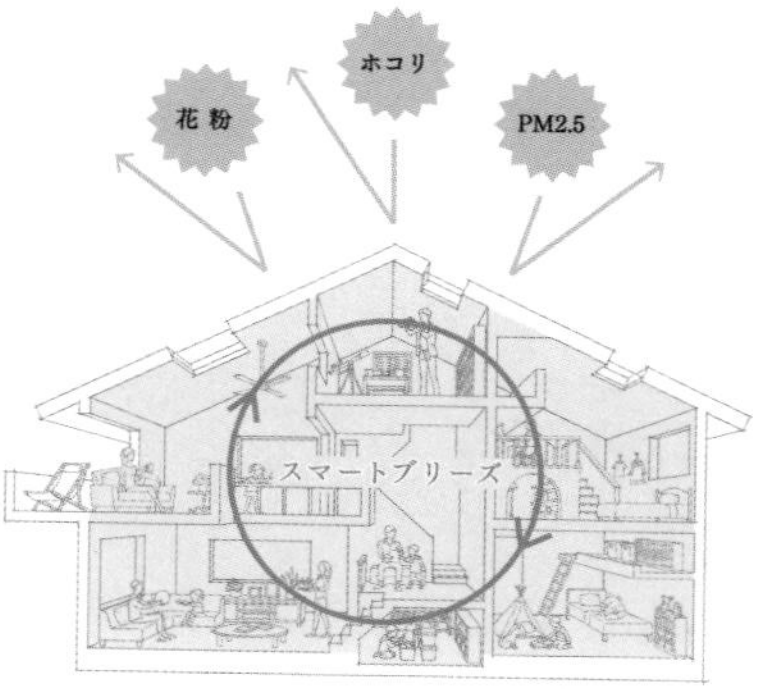


右／全館空調システム「スマートブリーズ」のイメージ
左／夏は涼しく、冬は暖かい、1年中適温を保てる断熱構造

## ここが魅力！

- 洋風デザインが得意
- 型式適合認定外のため自由度が高い傾向にある
- 幅広い商品ラインナップを用意している

## ここに注意！

- 建物を支える構造材が天井面の部屋の間仕切り部分などに出てくることがある
- 1階と2階の間に幕板が入る
- 外構提案があまり得意ではない

## まかろにお的 独自チェック！

| | |
|---|---|
| コスト | ★★★☆☆☆ |
| 災害対策 | ★★★★☆☆ |
| 省エネ対策 | ★★★★☆☆ |
| デザイン性 | ★★★☆☆☆ |
| 間取りの自由度 | ★★★☆☆☆ |
| メンテナンス性能 | ★★★★☆☆ |

スタイル、エレガントスタイルの3つの外観をベースとして、間取りを選択します。ボリュームゾーンとしては、建物価格のみで2200~2800万円くらい（※）の価格が多いです。コストパフォーマンス・タイムパフォーマンスを重視したうえで、三井ホームクオリティの家を建てたいという場合は、三井ホームセレクトを検討してみてもよいと思います。

以上のように、三井ホームは商品のカテゴリによって金額が大きく異なるのが特徴です。そのため、**予算に合わせて柔軟に対応できることが魅力**となります。また、三井ホームは大手ハウスメーカーの中で唯一、**木造で全館空調を得意としている**ハウスメーカーですので、全館空調を検討している方にはおすすめです。

一方で、「プレミアム・モノコック構法」のベースは枠組壁構法であるため、デメリットとして**建物を支える構造材が天井面の部屋の間仕切り部分などに出てくることがある、1階と2階の間に幕板と呼ばれる建築部材が入ること**などがあります。

ただし、これらのデメリットは、きちんと設計士と目線合わせができていれば、ある程度は回避できます。これらの点に注意して、打ち合わせに臨みましょう。

# 一条工務店

## 省エネ・快適・安全に過ごせる「性能」は随一！

画像提供：一条工務店

基本データ

| | |
|---|---|
| 構造 | 木造 |
| 坪単価 | 約85 ～ 100万円 |
| 本社所在地 | 東京都江東区 |

徹底して住宅の工業化を突き詰めているハウスメーカー！　今の時代にマッチした家づくりが可能な一方、デザインはこれからに期待。

一条工務店は、「家は、性能」のキャッチコピーで知られるハウスメーカーです。キャッチコピーのとおり、住宅の耐震性能、断熱性能、気密性能、メンテナンス性能、さらには空調や換気設備などにまで、家の中で省エネかつ快適に暮らせる工夫が盛り込まれています。とくに、**耐水害住宅は２０２４年現在、一条工務店のみがつくれるものとなっています**。さらに、**北海道基準の断熱等級7の建物を全国で1万棟以上供給できるのは、一条工務店のみです**。

私が思う一条工務店最大の特徴は、**自社工場で建築部材をつくっているという点です**。どの業種でもそうですが、中間業者を挟めばそれだけ価格は高くなります。一方、中間業者を挟まずに、自社で製品の開発を行えば、その分、価格を落とすことが可能です。さらに、製品開発に対する小回りも利きやすくなるため、業界に先駆けていち早く新製品を投入することができます。また、製品に問題があれば、都度欠点を修正し、それを仕組み化することで、より精度の高い住宅をつくり上げることもできます。このように、**自社工場で建築部材をつくることにより、工業化住宅を突き詰めている**のが一条工務店最大の特徴です。

右／高い断熱性や強度を実現する窓・壁の構造
左／約3000tの水を使った実大実験により、豪雨や洪水による浸水に耐える家「耐水害住宅」の性能を実証

### ここが魅力！

・住宅の断熱性能・気密性能に対するこだわりはハウスメーカー随一
・自社工場で部材を作っているため、コストダウンが可能
・ほかのハウスメーカーと違い、間取りや窓の大きさなどを気にせずとも高気密高断熱住宅をつくれる

### ここに注意！

・建物の外観や間取りに大きな制限がある
・社外品を採用しようとすると苦労する
・うまく仕組み化されている反面、営業マン・設計士の応用力は低い傾向にある

### まかろにお的 独自チェック！

| | |
|---|---|
| コスト | ★★★☆☆☆ |
| 災害対策 | ★★★★★★ |
| 省エネ対策 | ★★★★★★ |
| デザイン性 | ★☆☆☆☆☆ |
| 間取りの自由度 | ★☆☆☆☆☆ |
| メンテナンス性能 | ★★★★★☆ |

ただし、その一方でさまざまなデメリットも存在します。たとえば、**工業化を突き詰めることで、どれも似たようなデザインの家になる**という点です。工業化住宅とは、いわば量産型の家なので、個性を出しにくくなります。実際、一条工務店で家を建てると、どれも似たような家になってしまう傾向があります。

逆を言えば、将来的に仕組みさえ整えば、デザインレベルの高い量産型住宅もつくることも可能になるでしょう。一条工務店のデザインがよくなるかどうかは、すべて本社の舵取り次第であり、それによっては大化けする可能性があるので、今後に期待したいところです。

そのほかのデメリットとしては、一条工務店は徹底した仕組みの上に成り立っているため、ほかのハウスメーカーと比較すると、**営業マンや設計士の応用力はどうしても低い傾向にある**ということです。これればかりはどうしようもない部分ではあるため、ある程度は割り切る必要があります。

一条工務店での家づくりは、完全自由設計で家を建てるというよりは、決まった枠組みの中での家づくりをする規格住宅運用と考え、その代わりに住宅の性能を最大限得られると考えましょう。

Column

# ハウスメーカー選びの決め手とは？

ハウスメーカー選びの決め手は「そのハウスメーカーが自分たちの理想の暮らしを実現できそうかどうか」に尽きると思っています。

表面だけを見ると、やれること・できることが多少違っても、ある程度有名なハウスメーカーであれば、どこも変わらないように感じるかもしれません。しかし深堀すればするほど、各社で苦手な部分やできないことがあるのがわかってきます。中には、その制限が致命的である場合もあるため、私は各ハウスメーカー本社を巻き込んで、どうやればその制限を掻い潜れるのか、代替案としてベストな解決策はないのか、日々裏技を収集しています。そして、発見した抜け道に関しては、私の紹介を通じて家づくりをされている人に共有し、サポートしています。

このような活動を続けて思うのが、私のような探究者が自分たちの家づくりに携わっていない場合、「自分たちの要望にハウスメーカーを無理に合わせるのはおすすめしない」ということです。ハウスメーカーや担当者は、日々の業務と違うことをやる必要が出てくるため、負担やストレスになるからです。

たとえば、樹脂サッシを全力で否定して採用させないようにするハウスメーカーや担当者もいますし、軒と天井を繋げるような施工や巾木を変えることが難しいハウスメーカーなども存在します。

そのため、シンプルに、自分たちの理想の暮らしを実現できそうなメーカーかを判断すること、これが決め手に繋がると考えています。

# おわりに

冒頭の「はじめに」において、住宅業界の問題点やハウスメーカー各社の現状をありのままお伝えしました。読者の中には、私がなぜ、そこまでして住宅業界にかかわるのか、疑問に思った方もいるのではないかと思います。

その答えはシンプルに、住宅が好きだからです。

私は幼少期の頃、建売住宅に住んでいたのですが、友だちの家と比較しても小さくて、決して自慢できる家ではありませんでした。もちろん、親も色々と苦労があったのだと思います。しかし、当時の私にそんなことは知る由もなく、ただただ友だちが住んでいるきれいで大きな家に憧れを抱いていました。

そんな経験から、いつしか「家」に対して興味を抱くようになりました。自分で色々と調べていくうちに、住宅の工業化に成功したのが日本だけという事実を知り、そのすばらしい技術や日本独自の意匠性を突き詰めていけば、誰にとっても後悔のない家づくりができるのではないか——そんな考えに至り、どんどん建築にのめり込んでいったのを今でも覚えています。大学も建築学科に入り、就職活動もハウスメーカーに絞って行いました。

しかし、いざ住宅業界に飛び込んでみると、予想以上に課題が山積みだったのです。ハウスメーカー勤務を経て、メガバンクに転職して不動産全般のローンについて学び、その後はビジネスの立ち上げなどを学ぶため、まったく別業界の大手メーカーに転職しました。

そして、現在は起業し、今までの経験や知見をフル活用して、住宅業界改革のために活動しています。すべては、これから家づくりをする皆さんが、心から誇れる家をつくるための基盤を整えるために。自分の人生を捧げて、業界の課題解決に取り組んでいます。

本書は、家づくり初心者の方に向けて、ここだけは最低限押さえてほしいという、基本的なポイントやコツを絞って解説しました。ただ、紙面の都合上、すべての裏技は紹介しきれていません。本書が参考になったという方で、より詳しいことが知りたいという方は、ＹｏｕＴｕｂｅで私の動画を見ていただくか、私が運営するウェブサイト「ＭＥＧＵＬＩＥ（メグリエ）」をご覧いただけると幸いです。

ささやかながら読者の皆さんにとって、この本が家づくりの一助となることを願ってやみません。末筆となりましたが、本書の刊行にあたってお世話になりました方々に、心からの感謝を申し上げます。ありがとうございました。

まかろにお（横山祐介）

[著者プロフィール]

## まかろにお
## 横山祐介　よこやま　ゆうすけ

住宅系YouTuber
大学卒業後、大手ハウスメーカーに入社。商品企画・住宅営業を経験し、営業で全国トップの成績を獲得。その後、大手金融機関の不動産融資担当などを経て、独立。「人から始める家づくりの重要性を世に広める」をモットーに、ハウスメーカーの解説や、家づくり全般に関する攻略法について情報を発信している。注文住宅を建てる人が自ら営業担当を選べるマッチングサイト「MEGULIE（メグリエ）」を運営。

▼ウェブサイト「MEGULIE（メグリエ）」
https://megulie.co.jp/

▼YouTube「まかろにお【大手ハウスメーカー攻略法】」
https://www.youtube.com/@housemaker

初《はじ》めてでも失敗《しっぱい》しない
家《いえ》づくり超攻略法《ちょうこうりゃくほう》

2024年1月19日　初版発行

著者／まかろにお

発行者／山下　直久

発行／株式会社KADOKAWA
〒102-8177　東京都千代田区富士見2-13-3
電話　0570-002-301（ナビダイヤル）

印刷所／TOPPAN株式会社
製本所／TOPPAN株式会社



●お問い合わせ
https://www.kadokawa.co.jp/（「お問い合わせ」へお進みください）
※内容によっては、お答えできない場合があります。
※サポートは日本国内のみとさせていただきます。
※Japanese text only

定価はカバーに表示してあります。


ISBN 978-4-04-606597-1　C0077